Christian Ritter
Birgit und Berlin

Impressum:

1. Auflage 2019

Cover: D-ligo
Lektorat: Denise Bretz
Satz: Denise Bretz

ISBN:978-3-95791-097-4

Hat dir das Buch gefallen? Schreib uns Deine Meinung unter: info@unsichtbarverlag.de
Mehr Infos jederzeit im Web unter:
www.unsichtbarverlag.de
Unsichtbar Verlag | Dieselstr. 1 | 86420 Diedorf

Christian Ritter

Birgit und Berlin

Inhalt

Birgit und Berlin

Ich kam zu spät. Zwanzig Minuten zu spät. Birgit war pünktlich in Berlin angekommen und, statt meinen Vorgaben Folge zu leisten, die in etwa wortwörtlich genau so gelautet haben: „Wenn du aus dem Zug steigst, dann bleib auf dem Gleis stehen, bis ich dich abhole. Beweg dich nicht! Lass dich bloß nicht von irgendwem anquatschen! Unterschreib nichts, schließ kein Zeitschriften-Abo ab, bleib einfach stehen und warte!“, hat sie sich auf eigene Faust in Gefahr und zwei Schritte aus dem Hauptbahnhof heraus auf den Europaplatz begeben.

Dort stand sie noch immer, als ich sie fand. Einen ganzen Stapel Obdachlosenzeitschriften auf dem Arm und in freudiger Konversation mit einem zerlausten Typen samt Hund, dem sie gerade einen Schein in die Hand drückte. Als sie mich sah, freute sie sich, und ihr Gesprächspartner war ganz schnell verschwunden.

„Was hast du dem denn gegeben?“, fragte ich.

„Zwanzig Euro. Für Hundefutter. Das braucht er, hat er gesagt.“

„Wieso denn gleich zwanzig Euro?“

„Na, er hat mich gefragt und ich hatte es nicht kleiner, weil ich von meinem Kleingeld die Zeitungen hier gekauft hab. Die Leute waren alle sehr nett. Und du weißt doch, dass ich so schlecht nein sagen kann.“

„Ja, ich weiß. Deshalb hab ich dir ja auch gesagt … Ach, is ja egal."

Es war Birgits erster Besuch in Berlin. Was uns verbindet, sind unsere ländlichen Wurzeln irgendwo im Süden Deutschlands. Wir kommen vom selben Dorf, in dem ungefähr so viele Leute wohnen, wie sie zum Zeitpunkt unseres Treffens im Hauptbahnhof waren. Auf der untersten Etage. Auf Gleis 4. Wo gerade kein Zug ankam.

Ich sah es als meine Aufgabe an, Birgit bis zu ihrer Abreise davor zu bewahren, ihre gesamten Ersparnisse in der Stadt zu verteilen, sozusagen ihren privaten Länderfinanzausgleich ein wenig einzudämmen. Birgit war schon immer leicht zu beeindrucken und auch immer sehr offenherzig und freigiebig gewesen. Zum Beispiel war sie bei unseren Feten in Jugendjahren immer die Erste, die auf Bitte eines besoffenen Männerchors ihre Brüste auf den Tisch geknallt hat. (Kommt Ihnen das komisch vor? Dann besuchen Sie öfter mal Feuerwehrfeste auf dem Land!) Die Sache mit den Brüsten macht sie heute vermutlich nicht mehr, aber wer bin ich, um das zu bewerten oder wissen zu können?

Wir nahmen eine S-Bahn zum Hackeschen Markt, in der wir lediglich zweimal angeschnorrt wurden. Da es Birgit so peinlich war, über kein Bargeld mehr zu verfügen, kramte sie, meine stetigen Ermahnungen ignorierend, in ihrem Trekkingrucksack nach Entbehrbarem und fand eine Banane und eine Pfandflasche, die sie verschenkte. Da die Flasche noch ungeöffnet war, verschenkte sie genau genommen eine Cola Zero.

„Birgit, du musst deine Freigiebigkeit wirklich ein bisschen unter Kontrolle bekommen", sagte ich, als wir den S-Bahnhof verließen.

„Ja, klar hab ich Zigaretten“, gab sie zur Antwort, die nicht mir galt, sondern einem Jungen mit drei Haarfarben und zwei Ratten auf den Schultern.

„Kann ich noch eine für meine Freundin?“, fragte er.

„Hmm“, überlegte Birgit, „na gut. Ich rauch ja eh nicht. Hab die mir nur vorhin geholt, weil mich so viele Leute gefragt haben und ich denen nie welche geben konnte.“

„Ach, kann ich dann vielleicht die ganze Schachtel?“, bat er.

„Jetzt is aber mal gut, Freundchen“, griff ich heroisch ein. „Wir müssen heute noch sehr vielen anderen Leuten Zigaretten geben.“

Auf unserem kurzen Weg zeigte ich Birgit ein lustiges Video auf meinem Telefon, um äußere Reize bestmöglich abzuschalten, und schon waren wir im James-Simon-Park auf der Wiese gegenüber der Museumsinsel angekommen und schnappten uns zwei Liegestühle. Ich schaute für ein paar Sekunden verträumt einem der Ausflugsschiffe hinterher. Als ich mich wieder Birgit zuwandte, gab es Neuigkeiten.

„Christian, das hier ist Jamal. Wir müssen ihm helfen. Seine Mutter lebt in Eritrea. Sie ist schwer krank, augenkrank, und kann ihn nur sehr schlecht erkennen, wenn sie videochatten. Deshalb braucht Jamal dringend ein iPhone X mit einer hochauflösenden Frontkamera. Und damit er sich das endlich leisten kann, solltest du ihm jetzt zehn Gramm Kokain abkaufen. Bitte!“

„Jamal“, ein rothaariger, blasser Junge mit Sommersprossen um die Nase, zuckte entschuldigend die Schultern. So ist es halt, signalisierte er, bisher hat mir keiner lange genug zugehört, damit ich meine tragische Geschichte zu Ende erzählen konnte. Jetzt ist es passiert und wir müssen den Handel wohl durchziehen.

Empört über seine Chuzpe fragte ich: „Sag ma, wieviel soll'n das kosten?"

Seine Antwort: „Ick kann dir da n juten Preis machen. Tausendfünfhundert."

„Was? Das ist ja zweieinhalbmal so viel wie der übliche Marktpreis."

„Woher weißt du denn sowas?", fragte Birgit empört dazwischen.

„Das weiß man halt, wenn man hier wohnt. Hörensagen."

„Na, wenn das der Pfarrer wüsste", sagte sie. Eine beliebte Redewendung in unserem Dorf.

„Das Problem ist aber eher", fuhr ich fort, „dass ich dir die Geschichte mit deiner Mutter nicht so ganz abkaufe, Jamal."

„Willste etwa behaupten, ick lüge?", berlinerte er beleidigt.

„Na ja, du siehst auch zum Beispiel nicht ganz so aus, als würdest du aus Eritrea kommen."

„Det is ja rassistisch. Ick bin Albino-Afrikaner! Und außerdem: Wir könn' jern meine Mutter anrufen. Wollten sowieso noch skypen."

„Oh ja, das machen wir", entschied Birgit entzückt.

Jamal drückte mir sein Telefon in die Hand, innerhalb weniger Sekunden stand die Video-Verbindung. Auf dem Display erschien eine sehr breiige, sehr weiße, auch irgendwie sehr deutsch anmutende Frau in Kittelschürze, die in einem großen Kochtopf Kartoffelpüree rührte und uns ohne aufzusehen begrüßte.

„Wat willste schon wieder?"

„Ähm, ihr Sohn meinte, dass ..."

„Jajaja, ick weeß schon. Ick bin eene alte kranke Frau aus Nigeria, ick hab Augenkrebs und will meinen Sohn

Jesus besser sehen, stimmt allet. Also jeben Sie ihm dit Jeld, ja?"

„Für eine afrikanische Frau reden Sie aber gut deutsch."

„Danke für die Blum'n. Von nüscht kommt nüscht."

„Sagen Sie mal, da hinter Ihnen, da ist doch ein Fenster. Kann es sein, dass ich da draußen den Fernsehturm sehe?"

„Jetzt sein Se ma nüsch so eurozentristisch, junger Mann. Glaubense, hier in Afrika ham wa keene Fernsehtürme?"

„Der sieht aber schon sehr nach dem Berliner Fernsehturm aus."

„Dit is selektive Wahrnehmung. Sie müssen ma n bisschen in der Welt rumkomm'! Fernsehtürme seh'n alle so aus."

„Mit ner Kugel oben?"

„Mit was'n sonst? Mit ner Pyramide oder wat?"

„Ja gut, Frau, äh ..."

„Schulze ... äh, Schulzenoglu."

„Frau Schulzenoglu, dann danke ich herzlich für das Gespräch."

„Keene Ursache. Und sagen Se dem Jungen, er soll gleich heimkommen, sonst wird dit Essen kalt ... Äääh, ick meine: Er soll mir ma wieder ne Postkarte schicken, hierher nach Afrika ... Ach, wat soll der janze Zirkus? Kaufen Se ihm einfach dit Koks ab!"

Anruf beendet. Als ich wieder aufschaute, bemerkte ich eine gewisse Veränderung.

„Ähm, Jamal, hast du gesehen, wo Birgit hin ist?"

„Ja, die war am Bankautomat, um dit Geld für dit Koks zu holen. Jetzt steht se da bei der Mariachi-Band und tanzt und verteilt Zigaretten und Zehn-Euro-Scheine."

„Oh, das wird ne Weile dauern." Ich lehnte mich in meinem Liegestuhl zurück.

„Ach weeßte, du bist mir janz sympathisch eijentlich. Soll ick dir n Jeheimnis verraten?“

„Lass mich raten: Du heißt gar nicht Jamal, deine Mutter wohnt gar nicht in Afrika und das Koks, das du verkaufst, ist eigentlich Aspirin?“

„Nee, Traubenzucker.“

„Hm. Und was machen wir jetzt?“

„Naja, Muttern wohnt da drüben. Essen is fertig, haste ja jehört. Jute Hausmannskost. Nur 50 Euro pro Person.“

„Das klingt doch nach nem fairen Angebot.“

Gaylord 3000

Immer wenn ich Leuten erzähle, dass ich schwul bin, sagen sie: „Wow! Das merkt man dir gar nicht an. Du wirkst gar nicht so schwuchtelig-tuckig, wie ich mir das immer vorgestellt hab."

Und dann nehme ich mir wieder und wieder vor, mir jetzt doch mal ein paar Strass-Steinchen ins Gesicht zu klatschen und mir ein Regenbogen-Stirnband aufzusetzen, wenn ich aus dem Haus gehe, damit es diese Leute nicht so verdammt schwer haben. Ich kann das schon irgendwie nachvollziehen, diese Orientierungslosigkeit, dieses Verlorensein, wenn man denkt, alle sind wie man selbst. Und dann gibt's da plötzlich noch andere, die so aussehen wie Heteros, und so sprechen, und laufen. Krass. Aber mal im Ernst: *Man merkt dir das gar nicht an.* Wie würde es dir gefallen, wenn dieses eine, ständig wiederkehrende Gespräch, das ja nicht nur aus diesem einen Satz besteht, und das ich seit Jahren immer und immer wieder führen muss, nur einmal andersrum verliefe? Probieren wir das mal aus.

„Ach, du bist also heterosexuell? Das merkt man dir gar nicht an! Gut so. Das ist gut, dass ich das nicht merke. Du, jetzt, wo ich drüber nachdenke, ich hab ne Freundin, die ist auch hetero. Vielleicht kennst du sie ja?! Ich zeig dir mal ein Bild von ihr. Ich glaub, ihr würdet euch echt gut verstehen, weil ihr ja beide so krasse Heten seid. Sowieso, ich habe viele heterosexuelle Freunde. Das sind ja alles so herzliche Menschen! Weißt du, ich bin da ganz locker drauf in der Beziehung. Ich hab ja in meiner Jugend auch mal drüber nachgedacht, wie das so wäre, aber dann hab ich gedacht: Uärgh, eklig, echt. Und bin mich dann richtig schön warm duschen gegangen. Du, was ich schon immer mal wissen wollte – also ich will dir jetzt nicht zu nahe treten, aber ich finde, ich hab das absolute Recht, das zu erfahren, weil wir uns jetzt schon zwei Minuten kennen: Wenn du dann mit so ner Frau im Bett bist, wer von euch beiden … na … wer von euch beiden ist dann eigentlich der Mann? Ich mein, ich kann mir das so überhaupt nicht vorstellen. Das ist so crazy, wie das läuft.

Und noch ne Frage: Wenn du einfach nur verdammt horny bist und auf die Schnelle eine wegflexen willst, stimmt das, dass man unter Heten dann erst zusammen was essen gehen muss oder so und man sich das gar nicht so direkt sagen kann? Das is ja wohl schon ein bisschen lächerlich, oder?

Naja, aber solche wie dich muss es auch geben."

Und weil es ständig noch diese Gespräche gibt, in denen man in anderer Leute Wertesystem eingeordnet wird, in irgendeine Schublade im unteren Drittel, ist das alles noch immer nicht *so* normal wie alle behaupten. Zugegeben: Mancherorts ist es wirklich viel normaler als anderswo. Ich mein, ich leb in Berlin, wenn da sonntagmorgens um 10 ein paar Leder-Gays mitten auf der Straße ne kleine SM-Orgie starten, dann kräht da kein Hahn danach. Dann kommt die Berliner Party-Polizei und macht mit.

„Wat, sexuelle Handlungen im öffentlichen Raum ohne uns? Dit is verboten! Ick hätt hier noch n paar Handschellen, Kollegen. Und wenn ihr nich mehr richtig trippt vom MDMA, probier'n wa noch dit Reizgas aus. Schön in die Nase! Für die janz harten Fälle hätt ick noch'n Wasserwerfer anzubieten. Spreiz mal!"

Aber, und das muss man leider immer und immer wieder betonen: Berlin, oder fächern wir es auf: die tolerante, alle Lifestyles und Kulturen akzeptierende, letztlich mit einem gesunden Maß an Gleichgültigkeit ihnen gegenüberstehende Großstadt ist nicht überall. Als ich diesen Text bis zu dieser Stelle unverändert vor einiger Zeit in einer kleineren Stadt im Allgäu vorgelesen habe, kamen danach Leute zu mir und meinten im vollen Ernst: „Keine Sorge, man sieht's dir wirklich nicht an."

So ist das. Schon kurz außerhalb von Tarifzone A platzt die hedonistisch-freizügige Filterblase, in die man sich so wohlig eingemümmelt hat, und Familienväter in freistehenden Häusern fühlen sich angegriffen, nur ob der Existenz jedweder Andersartigkeit. Drinnen: Bevor es sie irgendwann alle in die große Stadt zieht, sitzen die Kleinstadtschwuchteln, die Smalltown Boys, einsam in ihren Dörfern in Baden-Württemberg und Hessen und überall, holen sich in ihren Kinderzimmern einen auf ihre Sportlehrer runter und weinen sich verschämt durch die Nacht, weil sie denken, dass niemand, niemand sie versteht. Weil sie noch nicht wissen, dass nicht sie es sind, die pervers sind, sondern die Situation, in der sie leben.

Vielleicht auch, weil sie so denken, wie ich früher gedacht habe: Oje, wenn ich wirklich schwul bin, dann muss ich mir irgendwann Frauenkleider und Stöckelschuhe anziehen und mich sonntagnachmittags aufgebrezelt wie die letzte Bordsteinschwalbe mit meiner Federboa, Mascara bis hinter die Ohren und drei Lagen Lippenstift im Gesicht in eine Hofeinfahrt stellen und Lieder von

Gloria Gaynor singen – „I will survive!“ Und warum hab ich das gedacht? Weil der eine – mutmaßlich – Homosexuelle in unserem Dorf Sonntag für Sonntag genau das gemacht hat. *Dem* hat man's ein bisschen angemerkt. Und andere kannte ich nicht. Da muss man ja denken: Ja gut, dann sind die wohl alle so. Mein Schicksal scheint besiegelt. Zum sechzehnten Geburtstag gibt's die erste Perücke, und so langsam wird es Zeit, das Gesamtwerk von ABBA auswendig zu lernen.

Mittlerweile weiß ich: Kann man alles machen, muss man aber nicht. Man muss nicht mal schwul sein, um als Drag Queen aufzutreten, und als Ausgleich darf man als Schwuler genauso aussehen und genauso langweilig sein wie die Leute, die in meinen Augen die absoluten Profis im Langweilen sind: Heteros. Und das, meine Damen und Herren und sonstige, ist auch gut so.

Die Redaktionskonferenz

9.00 Uhr.

Alle Mitglieder der Redaktion, mit Ausnahme des unentschuldigt fehlenden Praktikanten David (sprich: Däivid), haben sich im Büro des Chefredakteurs zur Morgenrunde versammelt. Auf den drei Sitzmöbeln hat einer alten Tradition folgend niemand Platz genommen, obgleich der Chef es wie jeden Morgen ausschweifend angeboten hat. Doch niemand möchte sich in trügerischer Sicherheit und Bequemlichkeit wiegen. Bei der Verteilung der Themen kann es ungemütlich werden, also hat man es auch lieber ungemütlich. Man steht.

Chef: „Morgen! So, also, kleiner Überblick, was haben wir bisher? Es ist sehr kalt. Riesenthema! Kommt auf Seite 1. Kälteste Nacht seit sowieso. Außerdem: Trump hat irgendwas gesagt, unser Kolumnist greift das auf. Guter Mann. Wird großartig. Weitere Vorschläge?“

Schweigen.

Chef: „Jeden Morgen das Gleiche.“

Schweigen.

Chef: „Gut, also dann beginne ich mal. Gestern beim Herumspazieren nach der Arbeit bin ich über was gestolpert. Ganz heißes Eisen. Junges Thema. Das wäre was für Sie, Susanne, oder für unseren Praktikanten sogar, wie heißt der noch?“

Susanne: „David.“

Chef: „Richtig. Wo ist der eigentlich? Egal. Also, ich hab da was gesehen. Das ist mir aufgefallen. Das müsste euch auch längst aufgefallen sein, wenn ihr mit offenen Augen durch die Welt gehen würdet. Jedenfalls: Es scheint so, als würden junge Leute überhaupt keine Socken mehr tragen. Da laufen sie draußen rum mit zweimeterbreiten Schals bis zum Bauchnabel, so dass wir schon nah an der Grenze zum Vermummungsverbot sind, aber unten die Hosen hochgekrempelt und keine Socken an. Ich meine, frieren die nicht an den Knöcheln? Ich würde da frieren. Susanne, können Sie da was zu machen?"

Susanne: „Äääh."

Chef: „Machen Sie da mal ein schönes Erklärstück zu! Gehen Sie in die Fußgängerzone, fragen Sie die Jugend, was sie sich dabei denkt, dann sind wir schlauer. Dann nehmen Sie noch den Foto-Knut mit, der macht ein paar schöne Bilder, ja? Ja. 200 Zeilen, runde Sache."

Susanne: „Okay. Sollen wir da auch online was zu machen?"

Chef: „Sehr gut mitgedacht, Susanne. Was schlagen Sie denn da vor?"

Susanne: „Äääh."

Chef: „Na, nun muss aber auch was kommen!"

Susanne: „Ich … ich dachte, wir stellen den Artikel auch einfach online."

Chef: „Sehr gut, Susanne, sehr gut! Seht ihr, nehmt euch alle ein Beispiel an der Susanne, die denkt immer crossmedial."

Susanne: „Ich hab noch eine Idee. Wenn wir viele Bilder haben, können wir ja noch eine Fotostrecke zum Artikel bauen. Bringt mehr Klicks."

Chef: „Die Susanne hat einfach verstanden, wie es läuft. Ich sag's ja schon immer, und ihr wisst das, unser Motto ist *Online first.*"

Norman: „Ich dachte, unser Motto ist *Quality first.*"

Schweigen.

Susanne, leise: „War unser Motto nicht *Content first*?"

Friedrich: „Leute, wie wäre es denn, wenn wir *Online* und *Quality* zusammen *first* machen?"

Chef: „Friedrich, Sie wissen, dass das Quatsch ist. Außerdem kam gestern eine E-Mail von ganz oben. Da muss ich mal eben nachschauen. Unser neues Motto ist jetzt ... Moment ... da hab ich's ... *LeserInnen first,* mit großem Binnen-I. Also, äh, alle. Alle sind first. Das werden wir ja wohl hinkriegen."

9.28 Uhr.

Praktikant David trifft mit einem noch dampfenden Take-away-Becher Kaffee im Chefredakteursbüro ein und nimmt auf einem der Sitzmöbel Platz.

David: „Brrrr. Ist das kalt heute."

Chef: „Daniel, warum kommen Sie denn schon wieder zu spät?"

David: „Die, ähm, die U-Bahn ist nicht gekommen."

Chef: „Was? Was ist da genau passiert? Warum ist die nicht gekommen?"

David: „Da war ... also da kam schon ne U-Bahn, aber das war die U-Bahn-Fahrschule. Die stand dann da und ist ewig nicht weitergefahren. Und dann kamen die Bahnen danach alle zu spät."

Chef: „Das ist ein ganz großes Thema! Die Schlagzeile schreibt sich quasi von selbst: *Tausende kommen wegen U-Bahn-Fahrschule zu spät zur Arbeit.*"

Schweigen.

Chef: „Und weil Sie das ausgegraben haben, Daniel …“

David: „David.“

Chef: „Gesundheit! Also, Daniel, Sie kümmern sich da höchstpersönlich drum. Das ist jetzt Ihr Thema. Sie rufen bei den Verkehrsbetrieben an und fragen, was da los war. Dann gehen Sie in der Mittagspause in die Fußgängerzone und interviewen Betroffene, vielleicht wurde ja sogar jemand gefeuert, weil er zu spät gekommen ist. Das wär ein Ding. Machen Sie auch einen Termin mit dem Fahrlehrer für eine eigene Fahrstunde aus, so schwer kann das ja nicht sein. Das wird eine ganz große Reportage. Ja, ich sehe da sogar eine ganze Artikelreihe. Brauchen wir überhaupt noch U-Bahn-Fahrer? In Nürnberg fahren die schon von selbst. Rufen Sie da an! Sowieso: autonomes Fahren. Rufen Sie gleich noch bei Google und Tesla an, wie weit die mit ihren Autos sind, die keinen Fahrer mehr brauchen. Riesenthema, Daniel. Riesenthema.“

Schweigen.

Susanne: „Soll er da auch online was zu machen?“

Chef: „Nun überfordern Sie den jungen Mann mal nicht.“

David: „Ich hab vierzigtausend Follower auf Instagram.“

Chef: „Sehen Sie, und wenn Sie so weitermachen, haben Sie irgendwann so viele Follower wie unsere Zeitung.“

David: „Die Zeitung hat 130.“

9.35 Uhr.

Auf Anweisung des Chefs haben alle ihre Smartphones gezückt und diskutieren angeregt die Online-Performance der Zeitung.

Norman: „Auf Facebook hat die Zeitung fast so viele Fans wie David auf Instagram.“

David: „Stimmt. Aber erstens ist da keiner mehr, der jünger ist als 35, und zweitens kommt es bei Facebook auf die Reichweite an. Durch den Algorithmus ist die ziemlich mickrig, wenn man nicht dafür bezahlt."

Chef: „Paid content! Das haben wir auch!"

David: „Die Paywall ist aber ein bisschen was anderes. Und jeder Zwölfjährige kann die sowieso umgehen."

Chef: „Sind Sie etwa ein Hacker?"

David: „Nee, aber jung."

9.50 Uhr, am Kaffeeautomat.

Susanne zu David: „Sag mal, kannst du mir auch so nen Instagram-Account einrichten?"

David: „Das kann man eigentlich ganz leicht selbst machen."

Susanne: „Hm, okay. Versuch ich mal. Hast du schon einen Termin für deine Fahrstunde ausgemacht?"

David: „Also um ehrlich zu sein, hab ich n richtig schlechtes Gewissen. Ich hab heute Morgen verschlafen und das hat gar nicht gestimmt mit der Fahrschule."

Susanne: „Oh, das tut mir leid."

David: „Was jetzt genau?"

Susanne: „Dass du ein schlechtes Gewissen hast."

David: „Aber ich kann doch jetzt nicht einfach was in die Zeitung schreiben, was nicht stimmt."

Susanne: „Ach, jetzt sieh's mal so: Wenn's erstmal in der Zeitung steht, dann … stimmt's schon. Wir sind ja immerhin ein seriöses Medium. Ha!"

10.35 Uhr, Büro des Chefredakteurs.

Chef: „Daniel, ich habe Sie zu mir gebeten, weil ich ein bisschen über Sie habe recherchieren lassen."

David: „Oh."

Chef: „Das hier ist Ulrike von … wie sagt man? Vom Online. Und sie hat sich mal Ihre privaten Internet-Aktivitäten angesehen.“

Ulrike: „Tschuldigung, ich werd dafür bezahlt.“

Chef: „Daniel, hier sind Ausdrucke Ihrer Instagram-Story von heute Morgen. Gehen wir das mal zusammen durch.

9.05 Uhr: Ein Video davon, wie Sie Ihre WG verlassen.

9.09 Uhr: Ein Video eines an Ihnen vorbeirasenden Krankenwagens mit dem Hashtag ‚Tatütata'.

9.15 Uhr: Ein Video einer pünktlich einfahrenden U-Bahn.

9.22 Uhr: Ein Foto einer Starbucks-Filiale mit dem Schriftzug ‚Erstma n Coffee'.

9.28 Uhr: Ein Video, das zeigt, wie Sie mein Büro betreten, sich setzen und ‚Brrr, ist das kalt heute' sagen.

9.35 Uhr: Ein Foto von mir mit irgendeinem tanzenden Männchen drunter.

Können Sie mir das erklären?“

David: „Hach. Ja, das mit der U-Bahn war ne Ausrede, weil …“

Chef: „Was? Die U-Bahn interessiert doch keinen mehr. Das Thema hab ich längst an Susanne delegiert. Nein, erklären Sie mir, wie man so eine Story macht! Ich sehe da riesiges Potenzial. Gerade kam eine Mail von ganz oben, unser neues Motto ist jetzt *Social Media first*. Und da, lieber Daniel, sehe ich Sie ganz vorne!“

11.30 Uhr.

Während Susanne ihre erste U-Bahn-Fahrstunde absolviert, ist auf Davids Facebook-Seite im Livestream zu sehen, wie er sich sein neues Büro als Head of Social Media einrichtet. Online-Ulrike richtet derweil den Instagram-Account des Chefredakteurs ein. Als erstes Foto erscheint der Chef selbst, die Hände hinter dem Rücken verschränkt, mit heroischem Blick aus dem Fenster. Bildunterschrift: *Weitblick first.*

Mein letzter Schultag

Man mag es mir nicht direkt anmerken, da ich, wenn ich mich in der Öffentlichkeit blicken lasse – meist abends, meist mit einem Glas Alkoholreichem in der Hand und einer Zigarette oder sonstigem im Mund –, nur schwerlich dazu tauge, eine Vorbildrolle einzunehmen, aber ich wollte tatsächlich einmal Lehrer werden – und verfolgte dieses Vorhaben bis fast zum bitteren Ende, was heißen soll: bis ins Referendariat an einer Grundschule.

Den süßen kleinen Fratzen die Welt erklären, ihnen rechnen, schreiben, das Lesen und das Leben beibringen, sie zu guten Menschen formen, das war einmal mein Ziel. Beigemengt natürlich das Beamtengehalt und die sichere Pension – ich habe in Bayern studiert, da gibt's das noch. Voller Ideale, voller Elan und gespannt wie am ersten Schultag startete ich in meinen ersten Schultag als Referendar.

Vier Wochen später.

Auf dem Lehrerparkplatz bleibe ich jetzt immer eine Weile im Auto sitzen, bevor ich aussteige. Ich schließe dann die Augen und träume mich in eine Idealwelt, in der man mir zuhört, wenn ich etwas sage. In der ich mich unter Achtjährigen durchsetzen kann. In der in einer Schulklasse weniger als die Hälfte der Kinder schwer verhaltensauffällig ist. In der es so ist wie früher: das eine gestörte Kind, mit dem alle gut leben können und das später in die Politik geht. Eine Welt, in der ich nachmittags keine WhatsApp-Nachrichten von Eltern bekomme, die die Hausaufgaben ihrer Kinder nicht verstehen, aber clever genug waren, über intensives Stalking meiner Facebook-Freunde an meine Nummer zu kommen. Eine vergessene Welt.

Ich öffne die Augen, wische mir die Tränen von der Wange und steige aus. Zwei Sekunden später.

„Herr Ritter?“

„Was?“

„Dem Leandros geht’s nicht gut, ich glaub, ich nehm ihn gleich wieder mit.“

„Was? Wieso? Hä?“

Leandros’ Mutter wirkt unter ihrer halbgemachten Frisur stark verzweifelt und erklärt: „Ich hab ihn gerade ins Klassenzimmer gebracht, seine Schulsachen vor ihm auf dem Tisch geordnet, von oben nach unten, von der ersten bis zur sechsten Stunde, Sie wissen schon, dann sein Sitzkissen noch etwas zurechtgerückt, weil er so krumm dasaß, er hat ja auf dem iPad gespielt die ganze Zeit, ihm dann einen Abschiedskuss gegeben und bin rausgegangen.“

„Ja und? Das machen Sie doch jeden Tag so.“

„Ja. Aber jetzt hat er mir das hier geschickt.“

Sie hält mir ihr Telefon vors Gesicht. Nachricht von Leandros. Ein weinender Smiley.

„Ja und?“

„Er vermisst mich!!!“

„Frau, äh … Dings, selbst wenn das so wäre, wär das jetzt kein Grund, dass er nicht hierbleiben kann.“

„Was soll denn **das** heißen, *selbst wenn das so wäre*?“

„Vielleicht hat er’s ja ironisch gemeint?“

„Ich komm sofort wieder mit rein und beschwere mich über Sie bei der obersten Schulleitung!“

„Ja, machen Sie mal."

Ich begleite Leandros' Mutter nach drinnen, sie begibt sich vors Sekretariat in die Schlange der Eltern, die sich beschweren wollen. Heute ist ein ruhiger Tag, es sind weniger als dreißig. Ich selbst begebe mich auf geradestem Weg in meine Klasse, die 3c. Auf dem Weg bekomme ich einige aufmunternde Schulterklopfer von KollegInnen, denn jeder weiß, was es bedeutet, in der ersten Stunde die 3c zu haben.

Im Klassenzimmer.

„Guten Morgen, liebe ..."

„Oaaah, das ist so laut!", ruft Lea und greift sich an die Schläfe. Lea ist hypersensibel und eines der verträglicheren Kinder.

„Alle auf ihre Plätze!"

„Man sagt ‚bitte'", steuert Leonies Mutter bei und setzt sich neben ihre Tochter.

„Was machen Sie schon wieder hier, Leonies Mutter?"

„Ich hab hier ein neues Attest, das bestätigt, dass Leonies Persönlichkeitsbildung noch nicht abgeschlossen ist und sie ohne mich als ihren emotionalen Anker nicht allein zur Schule gehen darf."

„Leonie ist neun", antworte ich, „wie alle hier, die sind alle acht oder neun, natürlich ist ihre Persönlichkeitsbildung dann noch nicht – aaaah, ich will das nicht schon wieder mit Ihnen diskutieren! Okay. Bleiben Sie hier."

„Dann bleib ich auch hier", ruft Leons Vater.

„Wir rufen nicht, Leons Vater. Und: meinetwegen. Also, zu den Hausaufgaben. Mathebuch, Seite 34, Aufgaben 5 a bis f. Lydia!"

„Ich hab keine Lust gehabt, die Hausaufgaben zu machen", singt Lydia, „dafür hab ich dir ein Bild gemalt!"

„Lydia, erstens siezt du mich, und zweitens: Was soll das?"

„Meine Mama sagt, ich muss nichts machen, wozu ich keine Lust habe."

„Und genau deshalb, Lydia, ist deine Mama auch auf Hartz IV. Dann zeig mal dein Bild. Ach, ist ja gar nicht schön. Sogar damit hast du dir keine Mühe gegeben."

„Aber, aber meine Mama sagt, dass alles, was ich mache, das Richtige ist, weil ich besonders bin."

„Ja, Lydia. Deshalb wirst du mal sehr erfolgreich damit sein, in den sozialen Medien plumpe Lebensweisheiten zu verbreiten und dazu unbeholfen gemalte Bilder zu posten. Aber davon lösen sich die Aufgaben 5 a bis f nicht. Da wir beide wissen, was jetzt als Nächstes kommt, können wir es uns diesmal vielleicht sparen, dass du absichtlich hyperventilierst, um noch mehr Aufmerksamkeit auf dich zu ziehen, und du gehst einfach direkt dorthin, wo für dich jede Unterrichtsstunde endet. Der Schulpsychologe wartet schon auf dich."

Lydia schnappt intensiv nach Luft und verlässt den Raum.

„Ach, da bist du ja wieder", hört man den Schulpsychologen, der sich vor der Tür postiert hatte.

„Was ist denn auf dem Bild von Lydia?", fragt Liam.

„Äääh", ich betrachte es länger und lege mich dann fest. „Ein Fisch."

In der letzten Reihe beginnt Lena augenblicklich zu weinen.

„Das können Sie doch nicht machen", empört sich Leonies Mutter. „Sie haben sie getriggert. Weiß doch jeder, dass Lenas Zierfische letzte Woche gestorben sind, weil ihr Vater … na, Sie wissen schon."

„Nee, weiß ich nicht."

„Sind Sie nicht in unserer WhatsApp-Gruppe?"

„Nein."

„Er hat W-O-D-K-A in ihr Aquarium geschüttet. Drei Flaschen. Keine Sorge, ich hab das Jugendamt schon informiert."

„Wie gut Sie sich kümmern. Können wir dann wieder zum Unterricht ... vielleicht ... Ja, hier eine Wortmeldung, Leons Vater, bitteschön!"

„Ich wollte nur sagen: Ich fühle mich von Leonies Mutter sexuell belästigt. Sie hat sich gerade, als sie das mit dem Aquarium gesagt hat, an die Brust gefasst und mich dabei angesehen."

„Danke für diesen hilfreichen Beitrag. Liebe Achtjährige", wende ich mich an die ganze Klasse, „helfen wir Leons Vater. Wenn wir uns sexuell belästigt fühlen, was machen wir da?"

Siebzehn Hände schnellen in die Höhe.

„Luca."

„Im Internet anprangern."

„Richtig, Luca. Aber was dürfen wir nicht vergessen?"

„Den Me-too-Hashtag."

„Ausgezeichnet, Luca. Das gibt ein Fleißsternchen. Also, Leons Vater, schreib bitte als Hausaufgabe auf Facebook über deine Erlebnisse. Wie du mit deinem Sohn zur Schule gehst und dich von einer Mutter belästigt fühlst, die mit ihrer Tochter zur Schule geht, weil sie dich ansieht. Das steht dann unter dem Me-too-Hashtag gleichberechtigt neben den Erfahrungsberichten von anderen, die über Jahre hinweg multipel vergewaltigt wurden. So lange, bis irgendeinem Genie mal einfällt, wie man das trennen könnte. Vielleicht durch einen zweiten Hashtag. Aber so weit ist die Menschheit wohl noch nicht ... Noch eine Wortmeldung. Leander?"

„Darf ich mal aufs Klo?"

„Der erste konstruktive Beitrag des Morgens, Leander, vielen Dank. Ja, du darfst aufs Klo."

„Aber …"

„Ja?"

„Darf ich auch aufs Mädchenklo?"

„Warum?"

„Ich bin mir meiner Geschlechtsidentität nicht ganz sicher."

„Ach, Leander, es ist mitten in der Stunde, auf dem Klo ist eh niemand. Mach, was du willst. Und wenn du ab morgen ein Mädchen sein magst – du kennst das Prozedere –, musst du mir nur am Anfang des Tages deinen neuen Namen mitteilen, dann ändere ich das im Sitzplan. Bei Ludwig, Lara, Lorenz und Leila ging das ja auch ganz einfach."

„Cool."

„Ja, cool. Hat irgendjemand die Hausaufgaben gemacht?"

Leons Vater und Leonies Mutter zeigen auf.

Beide hatten zwei der sechs Aufgaben richtig gelöst. Auch der weitere Schultag verlief nicht anders als sonst. Ich schrieb in Anwesenheitslisten, dass Sechsjährige wegen Burn-out verhindert seien, und tröstete den Pausenhofbäcker, der aufgrund der klagevorbeugenden Studie der Lebensmittelunverträglichkeitslisten, die alle Kinder im transparenten Brustbeutel an sich trugen, nur sehr schleppend Geschäfte machte. Darüber vergaß ich völlig, auf eine Nachricht von Luis' Mutter zu antworten. Da sein Telefon-Akku leer gegangen war, konnte sie ihn nicht weiter von zuhause aus orten und befürchtete das Schlimmste. Es ging dann alles ganz schnell. Sie stürmte mit einer Armada weiterer Eltern das Schulhaus, löste den Feueralarm aus, es kam zu einer Massenpanik, ich wurde überrannt und stürzte dreißig Treppenstufen hinunter.

Als ich später mit multiplen Brüchen versehen auf dem Dach des Schulgebäudes neben dem großen eingekreisten H lag und beobachtete, wie sich der Helikopter, der zu meiner Rettung bestimmt war, bedrohlich auf mich herabsenkte und dabei enorm viel Luft aufwirbelte, dachte ich nur: „Ach, so ist das. So fühlt sich das also an."

Ich hob ab und vernahm von unten das Wehklagen der auf dem Dach versammelten Elternschaft. Ganz deutlich zwischen allem der Satz, der mir zeigte, was wirklich wichtig war und mich meine Karriere überdenken ließ:

„Herr Ritter, muss Leonie dann morgen erst zur zweiten Stunde kommen?"

Berliner Dialoge (1)

Kreuzberg. Ich kämpfe mich missmutig auf dem Weg zu einem Café durch den Regen. Von irgendwo oben höre ich es rufen: „Hallo, hallo, Entschuldigung, hallo!"

Ich sehe mich um. Im vierten Stock eines Wohnhauses steht ein Mann mit langen grauen Haaren und im Unterhemd am Fenster. Gegen alle Wahrscheinlichkeit galt sein Ruf mir.

„Hallo, du da unten, ja, dich mein ich."

„Was ist denn?"

„Ich hab eine wichtige Frage."

„Hm?"

„Ist heute Mittwoch oder Donnerstag?"

„Mittwoch."

„Danke. Weiterlaufen!"

Ich laufe weniger missmutig weiter.

Südkreuz. Durchsage: „Die Züge verkehren derzeit unregelmäßig, Grund dafür ist eine polizeiliche Ermittlung."

Zwei Mädchen neben mir:

„Ich find das voll unfair."

„Was? Dass wir jetzt zu spät kommen?"

„Quatsch. Das ist ja wohl egal. Aber wenn die durchsagt, da ist ne polizeiliche Ermittlung, kann sie ja wohl auch dazusagen, um was es geht. Ich bin jetzt voll neugierig."

Prenzlauer Berg. Aufzug am S-Bahnhof Storkower Straße. Besetzung: Berliner Ommi, Mutter mit Kinderwagen inklusive Kind, ich.

Wir steigen ein, die Tür schließt sich. Das Kind reckt sich aus seinem Wagen heraus und drückt auf einen Knopf. Die Tür geht wieder auf.

Mutter: „Eric, nu lass doch mit die Knöpfe! Eric!“

Ommi: „Du darfst da nich drücken! Wenn du nochmal drückst, fallen wa in den Keller!“

Eric ist verdutzt.

Ommi: „Und da kommen wa nie wieder raus!“

Eric zieht vorsichtig die Hand zurück.

Ich denke: Gute Leistung, Ommi. Der Fahrstuhl setzt sich in Gang.

Ommi macht weiter: „Da bleiben wa dann ewig und niemand hört uns, wie wir schreien.“

Nun is aber mal gut, denke ich.

Ommi: „Da gibt es nüscht zu essen, unten im Keller, und dunkel is es, STOCKDUNKEL.“

Die Mutter und ich sehen uns angsterfüllt an. Eric kämpft mit den Tränen.

Ommi: „Und dann, DANN FRESSEN UNS DIE RATTEN!“

Die Aufzugtür öffnet sich, wir steigen alle sehr schnell aus. Nur die Ommi bleibt drinnen und will wohl wieder nach unten fahren. Weird.

„Das vergisst er nie wieder“, raunt sie, als die Tür sich schließt. Ich befürchte, sie hat recht.

Friedrichshain. U-Bahnhof Warschauer Straße. Das Abfahrsignal der U1 erklingt, ich sprinte den Bahnsteig entlang, ein netter Typ stellt sich in die Tür, damit sie sich nicht schließt und ich noch reinspringen kann. Ich springe rein, die Tür schnappt zu.

Ich: „Uffz. Danke."

Er: „Gern … und jetzt die Fahrkarte bitte. Ich bin Kontrolleur. Ha!"

Le weekend

„In Paris, everything is complicated“, erklärt mir Frédéric, der ein Ö an jedes zweite Wort anhängt, um auch wirklich jedes Klischee über englischsprechende Franzosen zu bestätigen. „In Paris-ö, everything-ö is complicated-ö.“

Wie wir denn nun hier wegkämen, frage ich ihn und er wiederholt seine Aussage.

„Complicated-ö.“

Samstagnacht in Paris. Samstagnachmittag war ich – eine Stunde nach Aufstieg auf den Hügel der Sacré-Cœur – überraschend in den Banlieues auf einer Techno-Party gelandet. Sie unterschied sich nicht allzu sehr von Techno-Partys in Berlin, halbnackte Buntgekleidete mit Glitzer und Schweißerbrillen im Gesicht zuckelten erst im Sonnenschein, später dann im Strobo-Licht. Kleiner Unterschied: Es wurde hauptsächlich Französisch gesprochen. In Berlin ja doch noch mehrheitlich Englisch, dann Französisch, Türkisch, Spanisch und irgendwann Deutsch. Großer Unterschied: Punkt Mitternacht wurde der Strom abgestellt, geplantermaßen. La fête est finie.

Manchmal käme ein Nachtbus vorbei, sagt Frédéric, aber das könne man nie so genau wissen. Man ginge jetzt wohl zu irgendwem nach Hause, „After-Hour-ö“.

Irgendwer findet sich aber nicht, da offensichtlich alle in illegalen Mietverhältnissen mit Bargeldzahlung zum

Ende des Monats bei wohlhabenden Frührentnern wohnen, die keinen Besuch dulden. Aber es gäbe da noch diese *eine* andere Party, *ganz* exklusiv, bis sechs Uhr morgens, da könne man hingehen. Wenn der Nachtbus kommt.

Von der „exklusiven Party" wusste die halbe Stadt, merken wir zwei Stunden später bei unserer Ankunft. Die Schlange, besser: der Organismus, umfasst einige Hundert, wogt hin und her, keift, kreischt, ist nahe dem Kollaps, es dampft und knallt. Vorne auf der Feuertreppe, dem Geschehen entflohen, der Dompteur, der die Masse beruhigen will, durch Schreien. Alle kämen rein, wenn man nur irgendwie Ordnung herstellen könne. Ausgeschlossen. Die Ordnung ist keine Einwohnerin der Nacht.

Wir fliehen, haben uns vermehrt inzwischen, suchen nach einem Nachtkiosk und werden in letzter Sekunde fündig. Einer darf noch rein, dann Ladenschluss. Wir bestellen per Zuruf nach drinnen, Rosé in rauen Mengen, die Flasche billiger als ein kleines Bier in Saint Germain, elf Euro.

Am Seine-Ufer nahe dem Pont Neuf verfolgen wir die erfolgreiche Rettungsaktion der Wasserpolizei. Einer wollte schwimmen und konnte dann nicht mehr. Herausgefischt, Applaus und hoch die Tassen. Wie kann man nur, fragen Umstehende, die Seine sei nicht zum Schwimmen da, sondern zum Bewundern. Wie so vieles, wie alles hier eigentlich. Paris, Museum seiner selbst. Flussabwärts ein Schimmer. Der Eiffelturm verlangt nach Aufmerksamkeit, nachts funkelt er zu jeder vollen Stunde, als sei er der einzig wahre Weihnachtsbaum.

Acht Stunden später. Der Rosé ist leer. In der Morgensonne und im Jardin du Luxembourg sehen wir alten Franzosen beim Boule-Spielen zu. Unterstützung durch

Hú-Rufe unerwünscht. Die Klackerkugeln werden mit heiligem Ernst geworfen, es geht andächtiger zu als am Vortag in der Kirche. Den Parkrasen zu betreten: verboten. Grüne Stühle am Rand der Kieselwege laden den Besucher ein, dem Gras beim Wachsen zuzusehen. Was möglich wäre, würde es nicht täglich gestutzt. Wir gehen nach Hause.

Nach kurzem Schlaf will ich ein Baguette besorgen, schlurfe in Adiletten in die nächste Boulangerie und holpere durch die Bestellung. Nie verstehe ich eine Nachfrage, immer antworte ich verschämt mit „oui". Was mir das diesmal einbringt: drei Baguettes. Wir frühstücken zuhause, besprechen die Nacht, recherchieren. Mehrere Leute wurden ausgeraubt, im Tumult vor dem Club, aber keine Toten diesmal. Es war wie beim Stierlauf in Pamplona, vergleicht Ben. Wie in der Schlussszene von *Le Parfum*, meint Frédéric. Vielleicht seien schlicht die Drogen zu billig, schlage ich vor. Nein, ausgeschlossen, in Paris gäbe es überhaupt nur die teuren Drogen. Everything is complicated-ö.

Am Abend stehen wir vor einem Straßencafé im fünften Arrondissement und warten auf die Aufmerksamkeit des Kellners. Einfach Platz zu nehmen gehöre sich nicht. Die Höflichkeit. Man müsse sich zunächst entschuldigen, dass man überhaupt da sei, und nur wenn es absolut überhaupt gar keine Umstände mache und man „Le coq est mort" dreimal hintereinander fehlerfrei aufsagen könne, bekomme man einen Tisch, so in etwa verstehe ich es.

Die Tischchen und Stühlchen der Pariser Cafés verdienten eine Steigerung des Diminutivs. Ich bereue es, nie Ballettstunden genommen zu haben, als wir uns nach Anweisung ungraziös in die zweite Reihe zu bugsieren versuchen. Wir versuchen ebenso, dabei möglichst wenig Gläser und Sitzende umzukegeln.

„Pardon, Monsieur. Pardon, Madame. Verzeihen Sie mein Knie in Ihrem Ohr!"

Der Mensch mag gewachsen sein mit der Zeit, die Platzverhältnisse der Weltmetropole sind es nicht. Die Tischfläche in Postkartengröße ist gefährlich überreizt mit Vorspeisen und Wein. Ich probiere meine ersten Frösche und entwickle Mitgefühl. Offenbar wurden sie in Knoblauch ertränkt.

Die dringend nötigen Feuchttücher zum Händesäubern erhalte ich – etwas verspätet am nächsten Tag beim Einstieg in die AirFrance-Maschine nach Berlin. Immerhin, denke ich, am Ende fügt sich alles zusammen.

Nur zwischendurch ist es hier manchmal ein wenig complicated-ö.

Die Metroziege

Telefonat zwischen Paris und Berlin.

Er: „Stell dir vor, die Metro kam heute früh eine Stunde zu spät."

Ich: „Aha."

Er: „EINE STUNDE! Und weißt du, warum?"

Ich: „Warum?"

Er: „Weil einer eine Ziege mit reingenommen hat."

Ich: „Eine Ziege?"

Er: „Eine Ziege."

Ich: „Und wo ist das Problem?"

Er: „Man darf keine Ziegen mit in die Metro nehmen."

Ich: „Warum nicht?"

Er: „Äh ... man darf es einfach nicht."

Ich: „Wieso war denn dann die Metro zu spät?"

Er: „Weil die Ziege raussollte."

Ich: „Hm."

Er: „Und der Mann, der sie dabeihatte, wollte nicht aussteigen."

Ich: „Ja klar, er wollte ja irgendwo hin."

Er: „Ich glaube, du verstehst das Problem nicht."

Ich: „Glaube ich auch. Was ist denn überhaupt das Problem?"

Er: „Dass der Mann offensichtlich verrückt war und mit seiner Ziege Metro gefahren ist!"

Ich: „Ein Verrückter in der U-Bahn? Das wär ja mal ganz was Neues.“

Er: „Mit einer Ziege!!!“

Ich: „Ich frag’s jetzt zum letzten Mal: WO IST DAS PROBLEM?“

Er: „Als ob das in Berlin so normal wäre.“

Ich: „Also wenn hier einer mit einer Ziege in die U-Bahn steigt, dann schaut man kurz hin, denkt sich ‚Aha, ne Ziege‘ und gut is.“

Er: „Jaja.“

Ich: „Könnte ja auch ein verkleideter Hund sein vielleicht. Wen kümmert’s. Du kannst nicht U-Bahn fahren und um dich herum vernünftige Menschen erwarten.“

Er: „Ich geb’s auf. Bis morgen!“

Ich: „Bis morgen!“

Der große Beziehungsratgeber

Ich habe immer behauptet, ich fände es nicht schlimm, Single zu sein. Und es hat auch immer gestimmt, als ich das behauptet habe, ist ja wohl klar. Die Vorteile des Single Life sind einfach unschlagbar. Man ist niemandem verpflichtet und kann immer, immer tun, wonach einem ist.

Wenn man zum Beispiel einfach mal Bock hat, 13 Stunden am Stück Netflix zu schauen, dann kann man das tun, und muss überhaupt nicht darauf achten, das mit den Gewohnheiten und Bedürfnissen eines anderen zu koordinieren, der die Serie auch sehen und im Anschluss vielleicht noch drüber reden will.

Und wenn man irgendwo einen total attraktiven Menschen sieht, dann hält einen nichts davon ab, einfach mal zu ihm hinzugehen und zu sagen: „Na du? … Auch hier? … Nice! … Ja genau, vielleicht sehen wir uns später nochmal … wieder hier in der Kloschlange. Geil."

Wenn man ein neues Restaurant auszuprobieren möchte, dann geht man da einfach mal rein – allein. Und setzt sich den stigmatisierenden und urteilenden Blicken der paarweise anwesenden anderen Gäste aus, die denken, man sei versetzt worden oder nachhaltig verwirrt, denn niemand geht allein in ein Restaurant. Was einem spätestens klar wird, wenn der Kellner an den Tisch tritt und sehr einfühlsam und diskret nachfragt: „Ich will Ihnen nicht zu nahe treten, aber: Darf ich das andere Besteck abräumen? Wir bräuchten es für den Tisch da drüben, an dem dieses sehr attraktive Paar sitzt. Sehen Sie, wie verliebt die sind? Und die Kerze nehme ich auch gleich mit, denn was wollen Sie hier allein im Kerzenschein? Das macht Sie nur depressiv. Übrigens, wenn Sie in die Karte schauen, lassen Sie die Seiten 4 bis 7 einfach aus, ja? Da stehen die Gerichte für zwei."

Ich selbst bin den absoluten Großteil meines Lebens Single gewesen, mit voller Leidenschaft, und habe absolut nichts vermisst. Bis ich dann unvorsichtig wurde und mir was eingefangen habe. Diagnose: Beziehung.

Es war schon ein Schock zu Beginn, damit klarzukommen. Aber man kann sich an alles gewöhnen. Ich hab es jetzt über ein Jahr. Und manchmal denke ich sogar schon daran, morgens nicht eine, sondern zwei Tassen Kaffee zuzubereiten und die ausreichende Anzahl Brötchen zu holen. Nicht immer, aber: Es entwickelt sich. Und er kann ja auch noch mal zum Bäcker gehen, wenn er unbedingt was essen will. Das ist Teamwork! Ohne das geht es nicht.

Wenn ich nur daran zurückdenke, wie anstrengend früher das Single-Leben war. Immer nach den Auftritten am Büchertisch angequatscht werden und herumflirten, wohinein man selbst gar nicht so viel Mühe investieren musste, denn man war ja vorher auf der Bühne gestanden, war also eh der Interessantere, und es war sowieso klar, worauf das alles hinauslaufen soll. Dann hat man sich gemeinsam in die Nacht gestürzt bis morgens um 5, und nach einem unverfänglichen und aufregenden Abenteuer, nach dem sich niemand schlecht fühlen musste, war man rechtzeitig zum Frühstücksbuffet wieder zurück im Hotel. Wer will das schon? Fünfmal die Woche?

All diese verschwendete Zeit verwende ich jetzt viel lieber darauf, Monate im Voraus unsere beiden Kalender zu koordinieren, damit wir eine ganze Woche finden, in der wir beide Zeit haben, um schön zusammen in den Urlaub zu fahren. Nach Island. Im Sommer. Weil er dahin möchte.

Früher fand ich es absolut albern und habe es verurteilt, dass sich Paare gegenseitig tierische Kosenamen geben. Heute lachen mein Schnuffelhase und ich darüber. Und dass ich den richtigen Moment verpasst habe, ihm zu sagen, dass ich eigentlich gar nicht so gerne „Bärchen" genannt werden möchte, ist ja schließlich auch meine Schuld. Jetzt ist das halt so. Andere heißen ihr ganzes Leben lang „Mutti".

Früher habe ich ständig darüber nachgedacht, welche meiner Freundinnen und Freunde die jeweils passenden Begleitungen für Freizeitaktivitäten wären. Das ist passé. Mein Hase und ich haben einen völlig unterschiedlichen Musikgeschmack, aber wenn ich zu einem Konzert will, dann kauf ich einfach zwei Tickets, binde eine Schleife um eines und schenke es ihm als kleine Aufmerksamkeit zwischendurch. Subtext: „Wenn du da nicht mit mir hingehst, dann liebst du mich nicht mehr." Ganz einfach. Eigennützige Erpressung und Psychospielchen sind schließlich das Kondensat einer jeden Beziehung. Das sind die Spielregeln. Und sie sind ja nicht nur einseitig. Wenn ich meinen voluminösen Leib in die Boulderhalle schleppen muss, weil mein Hase das für eine gute Idee hält, dann kann er auch mit zum Kassierer-Konzert gehen. Es ist ein Geben und Nehmen. Folter wird mit Folter vergolten.

Weiterer Vorteil: In einer Beziehung hat man ständig eine Ansprechperson, zu deren Aufgaben es gehört, immer auf Empfang zu sein. Man kann wirklich über alles reden und kein noch so unwichtiger Gedanke ist zu schade für eine dreiminütige Sprachnachricht. – „Hey, ich wollt nur sagen, ich geh jetzt schnell zu Edeka. Ähm. Ich hol laktosefreien Joghurt und ne Ingwerknolle. Und dann kuck ich mal, was ich noch so finde. Ähm. Och, da drüben läuft n Hund. Hab ich dir schon erzählt, dass wir früher nen Hund hatten?“

Weiterer Vorteil: Mordgelüste. Niemand, der länger als ein Jahr in einer Beziehung steckt, kann mir ernsthaft erzählen, dass er nicht einen sehr detaillierten Plan entwickelt hat, wie er – natürlich nur im absoluten Notfall! – seinen Partner umbringen würde. Man muss sich dessen nicht schämen, das ist nur natürlich. Warum? Weil es so einfach ist! Man muss die Eigenarten, Schwächen und Gewohnheiten des anderen nicht lange ausspionieren, weil sie einem frei Haus serviert werden.

Man weiß, dass sein Geruchssinn nicht sonderlich ausgeprägt ist. Man weiß, wann er gerne mal badet und welches furchtbar schmeckende Getränk er dazu mit in die Wanne nimmt, in dem ein paar zusätzliche Tropfen dieser und jener Flüssigkeit überhaupt nicht auffallen. Im einfachsten aller Fälle trägt er eine Schlafmaske.

Weiterer Vorteil: Vielleicht ist zwischen den Zeilen durchgeklungen, dass ich nicht unbedingt mit einer Frau zusammen bin. Was ich übrigens allen nur raten kann. Aus rein praktischen Erwägungen. In einer gleichgeschlechtlichen Beziehung muss man nur ein klein wenig darauf achten, dass die Partnerperson in etwa den gleichen Modegeschmack und die gleiche Schuhgröße hat, und schon explodiert der eigene Kleiderschrank auf die doppelte Größe. Wer kann da widerstehen?

Wenn Sie bisher keines dieser Argumente überzeugt hat, will ich zum Abschluss nur noch ein letztes Wort in den Raum stellen, ein verzaubertes Wort, über das wir alle schon viel nachgesonnen haben, ein Wort mit der unbändigen Kraft, Menschen zu verbinden und zusammenzuhalten: Steuervorteile.

Werden Sie glücklich in Ihrer Beziehung!

Easy Escort

Kennen Sie das? Sie kommen nach einem anstrengenden Arbeitstag in Ihrem jungen, dynamischen Start-up nach Hause in Ihren Single-Haushalt und wollen den Feierabend mit Ihren Freunden genießen? Das Problem: Sie haben keine Freunde. Oder einfach keine Energie, zwei Wochen lang nach einem passenden Termin für ein gemütlichen Bierchen zu doodeln, der dann fünf Minuten vorher platzt, weil der andere doch was Besseres zu tun hat oder einfach ein Depp ist?

Sehnen Sie sich nicht auch nach einer unkomplizierten Begleitung im Alltag, die auf Abruf bereitsteht, für Ihre Unterhaltung sorgt und keine Gegenleistung erwartet? Außer Geld?

Wir können helfen. *Easy Escort* vermittelt Ihnen soziale Kontakte, die genau zu Ihnen passen. Wählen Sie unter unseren zahlreichen, maßgeschneiderten Optionen, die günstig, aber nicht billig sind, und finden Sie so den emotionalen Ausgleich, der Ihnen in Ihrer knapp bemessenen Freizeit bisher gefehlt hat. Für jeden ist das Passende dabei.

Wie wäre es zum Beispiel mit unserer *Option 1*? Eine amerikanische Austauschstudentin, die ihre Faszination über die alltäglichen Vorgänge um sich herum nur schwerlich für sich behalten kann und Ihnen mit ihren naiven Äußerungen stets aufs Neue ein Lächeln ins Gesicht zaubert.

„Oh my gosh, your ceiling, it's so high. It's like the highest ceiling I've ever seen."

Lassen Sie Ihren Blick bei der gemeinsamen Erkundung der Stadt auf für Sie völlig normale Dinge lenken, die alle so richtig *„awesome"* sind, wenn man sie zum ersten Mal sieht. Zum Beispiel

Ampelmännchen (*„Those traffic lights. Awesome."*) oder Dönerspieße (*„They are so big, like half of a cow. That's so awesome."*) oder Taxifahrer (*„The driver, he was so awesome. Even if he was Muslim."*).

Sorgen Sie für einen vitalen, kulturellen Austausch! Führen Sie Ihrem Teenagermädchen ihr bis dato unbekannte Welten vor! Wie wäre es zum Beispiel mit einem Besuch im ägyptischen Museum?

„Oh my god! I can't believe this. They just wrote Emojis on the wall, like we do it on WhatsApp today. And they worshipped cats like we do it on YouTube. I feel so connected to those people."

Oder vielleicht ein gemeinsamer Besuch der Sauna?

„Didn't see that coming. People just getting naked in front of each other. That's SO European."

Und haben Sie irgendwann genug Begeisterung erfahren, stellen Sie Ihre Begleitung einfach irgendwo in ihrem natürlichen Habitat rund um den Boxhagener Platz in Berlin-Friedrichshain ab.

„This area is so amazing, just people with their dogs being cool."

Oder was halten Sie von unserer **Option 2**? Eine meinungsstarke, mütterliche Begleiterin auf Schritt und Tritt, die Sie auf Ihre kleinen menschlichen Schwächen ebenso deutlich hinweist wie sie offenherzig Verhalten und Aussehen aller anderen kommentiert, die Ihnen beim gemeinsamen Spaziergang über den Weg laufen?

„Na, die hat's nötig, hier ihr'n Bauch rausschwappen zu lassen, wa? Und det Balg nebendran den Mund verschmiert …"

Mit ihrem robusten Muttterersatz braucht es keine lange Aufwärmphase. Sofort nach Betreten Ihrer Wohnung beginnt sie, Ihre stehengebliebenen Pfandflaschen akribisch abzuzählen – **„dreiz'n, vierz'n, fuffz'n, muss ne alte Frau lang für stricken"** – und den Reinlichkeitsgrad Ihrer Fenster einzuordnen.

„Also ick sach ma so: Ick würd mir schämen. Schämen würd ick mir!"

Der richtige Rat in allen Lebenslagen ist garantiert.

„Wat stehst'n so dumm inner Gegend rum? Nu hol dir n feuchten Lappen und wisch dit weg!"

Doch die liebevolle Hilfestellung funktioniert nicht nur einseitig. Unterstützen Sie Ihre Easy-Escort-Mutti ohne großen Aufwand beim Ausführen einfachster Technikanwendungen.

„Ick hab mir bei Aldi hier den neuen Computer geholt, klapp ick den uff, komm ick nicht direkt uff Bunte-Online. Muss ma dafür studiert ham oder was? Richt mir dit mal ein, hier!"

Empfangen Sie im Gegenzug das, was nur wahre Mütter zu geben in der Lage sind. Eine verschrobene Form verhärteter Liebe und richtig gutes Essen.

„Und wennde den Teller nich bis uff die letzte Erbse leer isst, dann geht's heut Abend nich ins Berghain!"

Na, konnten wir Sie schon überzeugen, Easy Escort zu nutzen? Oder können wir Sie mit unserer ***Option 3*** begeistern? Ihr immer unterhaltsamer Konterpart, Ihr nimmermüder persönlicher Poetry Slammer, der jede, wirklich jede Ihrer Handlungen in eine nie enden wollende und engagiert vorgetragene Geschichte aus der Ich-Perspektive einbaut. Schon früh morgens erwartet er Sie mit Textblatt und Mikrofonständer direkt an Ihrem Bett, um den Tag gebührend einzulesen: ***„Das Telefon klingelt. Ich wache auf. Wo bin ich? Ist das meine Wohnung? Ja. Alles ist gut. Wer ruft mich an um diese Zeit? Mutter?“***

Nehmen Sie Ihren Poetry Slammer auch mit zum Lebensmitteleinkauf, wo er Sie und alle Umstehenden mit einer herzerweichenden Ballade beglückt …

„Da liegt sie runzlig eingefall'n und keiner will sie haben / Die Schrippe noch von heute früh, so höret ihr Wehklagen“

… oder mit auf eine Zugfahrt, wo er so routiniert über überforderte Rentner und quengelnde Kinder erzählen kann, als hätte er schon neunzig Geschichten über Zugfahrten geschrieben und vorgelesen. Denn natürlich hat er genau das getan. Weil er nichts anderes erlebt.

Zum Schluss haben wir noch ein ganze besonderes Angebot für Sie. Buchen Sie alle Optionen zusammen im Easy Escort Easy XXL Tarif und erfreuen Sie sich am munteren Zusammenspiel Ihrer sozialen Begleiter:

„Es klingelt an der Tür. Fuck. Ich bin unter der Dusche. Ich stelle das Wasser ab, wickle ein Handtuch um mich und gehe öffnen. Wer ist das? Mutter? Nein, eine alte Frau!“

„Wat soll'n der Zirkus hier? Wat sind'n dit für Vögel? Und der feine Herr duscht also mitten unter der Woche, ja? Wasser kostet ja nüscht. Wir sind damals noch mit die ganze Familie innen Bottich jeden Samstag.“

„… sagt die Alte und betritt ungebeten die Wohnung.“

„Ick geb dir gleich Alte, du Zettelkasper!“

„Wow, that’s so amazing. The old lady is telling things just like they are. She should be President or something.“

„… sagt das Mädchen und dreht sich für ein gemeinsames Selfie mit der Alten ein.“

„Wenn du noch einmal Alte sagst, dann versohl ich dir mit dem Kochlöffel den Hintern, dass de drei Tage nich sitzen kannst, du Flitzpiepe!“

„… sagt die Alte und hat keine Ahnung, dass sie damit genau ins Zentrum meiner geheimen Lüste trifft. Oh ja, hauen Sie mich windelweich, Frau General!“

„Jetzt is aber genug. Hosen runter!“

„Woah, that escalated quickly.“

Easy Escort. Buchen Sie jetzt!

Frauen auch

In einem ausgeprägten Anflug von Sommerloch und womöglich basierend auf dem Fakt, dass Österreich genau das Gleiche schon erfolgreich getan hat und es dort niemanden mehr kümmert, ging einst der Vorschlag durch die Presse, die deutsche Nationalhymne geschlechtergerecht umzutexten. Ich persönlich stehe diesem Vorschlag mit der größtmöglichen Gleichgültigkeit gegenüber, habe mir aber Gedanken darüber gemacht, welche anderen Lieder aus der großen Historie des deutschen Rock und Pop es dringend nötig hätten, einmal ordentlich durchgegendert zu werden. Die Wahl fiel auf das folgende Lied, von dem ich zunächst einen Auszug aus der Urversion wiedergebe, woraufhin die gendergerechte Version 2.0 folgt.

Männer

Männer haben Muskeln
Männer sind furchtbar stark
Männer können alles
Männer kriegen nen Herzinfarkt
Oh, Männer sind einsame Streiter
müssen durch jede Wand, müssen immer weiter
Männer führen Kriege

Männer sind schon als Baby blau
Männer rauchen Pfeife
Männer sind furchtbar schlau
Männer bauen Raketen
Männer machen alles ganz genau
Wann ist ein Mann ein Mann?

Männer und Frauen

Männer haben Muskeln, Frauen auch, sogar gleich viele.

Männer sind furchtbar stark, wenn sie oft ins Fitnessstudio gehen oder in den Wald, Holz hacken. Aber wer verrichtet schon noch körperliche Arbeit heutzutage? Sitzen ja alle nur noch am Computer. Frauen sind übrigens auch furchtbar stark, nach den gleichen Kriterien.

Männer und Frauen *können alles*, in der Theorie zumindest, aber meistens können alle eher wenig und wenige mehr, eigentlich niemand kann wirklich alles, woher sollte man auch die Zeit dazu nehmen?

Männer kriegen nen Herzinfarkt, Frauen auch.

Oh, Männer sind einsame Streiter, oh, und Frauen einsame Streiterinnen, wobei Zusammensein manchen lieber ist, anderen nicht, da muss man differenzieren.

Müssen durch jede Wand, müssen immer weiter. Oder durch die Tür, ist einfacher.

Männer führen Kriege, Frauen auch, aber tatsächlich weniger, das stimmt schon.

Männer sind schon als Baby blau, wenn man sie blau anzieht, sie könnten als Baby auch schon Elefant sein, wenn man sie als Elefant verkleidet, oder Prinzessin, oder als Toastbrot.

Männer rauchen Pfeife, aber auch mal Weed oder Zigarette, manche rauchen gar nicht und trinken nicht mal Bier, what?!

Männer und Frauen *sind furchtbar schlau*, aber nur die, die Medizin studieren.

Männer und Frauen *bauen Raketen* und fliegen mit ihnen davon.

Männer und Frauen *machen alles ganz genau* – oder auch nicht –, viele schludern auch gern mal ein bisschen, wenn sie aber Raketen bauen, sollten sie es lieber genau machen.

Wann ist ein Mann ein Mann und eine Frau eine Frau oder ein Mann eine Frau oder eine Frau ein Mann oder irgendsoein Zwischending, wir wissen alle, da gibt es viele Schattierungen, und jeder hat schon mal jemanden gesehen, bei dem er sich gedacht hat: Moment mal, ist das jetzt eigentlich ..., oder doch nicht? Uiuiuiuiui, soll ich ihr oder ihm vielleicht mal hinterhergehen, um nachzusehen, auf welches Klo es geht? Oder sollte mich das vielleicht gar nicht interessieren, denn wir haben alle viel gelernt in den letzten Jahren und unterscheiden zwischen biologischem Geschlecht und Geschlechtsidentität, anerkennen die freie Entscheidung eines jeden und einer jeden – zumindest wenn wir uns in der Öffentlichkeit bewegen, was zuhause am Küchentisch bei Leberwurstbrot mit Senf und einer Flasche Korn gesprochen wird, das wird ja wohl PRIVAT BLEIBEN DÜRFEN! Aber müssen wir da wirklich überhaupt noch drüber reden, ich meine, sind wir nicht alle aufgeklärt mittlerweile, ist es nicht egal, in welchem Körper wir uns befinden, als was wir uns identifizieren und mit wem oder was wir ins Bett gehen? Haben wir nicht alle die gleichen Chancen im Leben? Hä?

Ist Per Mertesacker weniger Mann, weil er zugibt, vor jedem Fußballspiel kotzen zu wollen und dass ihm Gespräche mit dem Psychologen gefallen? Nach Ansicht von Gender-Experten Lothar Matthäus schon, denn Druck muss man aushalten können als Profi und stark sein als Mann – und sich alle zwei Jahre eine neue dreißig Jahre jüngere Freundin suchen und sie dann gleich heiraten und eine Doku-Soap drüber drehen lassen und dummes Zeug auf Fränkisch labern, sein ganzes Leben lang. Dann ist man ein Mann. Oder?

Wenn Günther Jauch sagt „Uiuiui, Sie als Frau haben jetzt ganz viel Geld gewonnen. Kaufen Sie da jetzt Schuhe davon?“ oder „Ooohhh, eine Fußballfrage, da werden es die Frauen aber schwer haben“, was sagt uns das über unsere Gesellschaft? DASS FRAUEN NIX IM STADION VERLOREN HABEN, sagen jetzt einige. Da muss dann aber auch die Frage erlaubt sein: Wie männlich ist es eigentlich, wenn zehntausende Männer sich halbnackt in den Armen liegen und zusammen singen und emotional werden, weil sie durchtrainierten, tätowierten, hübschen, jungen Burschen in Partnerlook dabei zusehen, wie sie sich bewegen? Wo ist der Unterschied zwischen einem Fußballspiel und einem Konzert von One Direction? Und was davon ist männlicher?

Wenn mich mein dreijähriger Sohn fragt, ob er mal ein Kleid anziehen darf, dann darf er das. Keine Pointe. Außer dass ich überhaupt keinen Sohn habe. (Weil ich nicht männlich genug bin, um einen zu zeugen.) Als ich selbst ein dreijähriger Junge war, wurde ich zur Genüge mit gängigen Rollenzuschreibungen konfrontiert, und keiner hat darauf geachtet, ob das alles irgendeinen Sinn ergibt. Als ich, wie ich es damals gerne tat, geweint habe, wenn mir was wehtat, wurden mir verschiedene Dinge gesagt, die nichts als Verwirrung zur Folge hatten.

„Du bist doch kein Mädchen.“

Ahja, gut zu wissen, bin ich also kein Mädchen.

„Ein Indianer kennt keinen Schmerz."

Was? Jetzt bin ich auch noch ein Indianer? Das ist mir neu. Und bringt eine große Verantwortung mit sich.

Und als meine Mutter mit kleiner Spitze auf meinen Vater, der gerne mal Niederlagen seines Fußballclubs beweint hat, mit „Der Apfel fällt nicht weit vom Stamm" nachsetzte, dachte ich nur noch:

Moment mal, ich weiß seit einer Minute, dass ich kein Mädchen bin, jetzt bin ich plötzlich Indianer UND Apfel, oder was? Oder Indianerstamm? Hä? Ich versteh jetzt gar nichts mehr. Und was ist, wenn ich was ganz anderes sein möchte? Zum Beispiel ein Feuerwehrauto?

Aus Richtung Plattenspieler erklang Herbert Grönemeyers knödelige Stimme und gab mir die Antwort: „Männer wer'n als Kind schon auf Mann geeicht."

Wann ist ein Mann ein Mann? Wann ist eine Frau eine Frau? Wann ist ein Kunde eine Kundin?

Und wann ist uns das endlich egal?

Berliner Dialoge (2)

Mitte. Auf dem Alexanderplatz.

„Schau mal, hier ist schon Weihnachtsmarkt. Ende September. Das ist ja wohl das das Perverseste, das ich je gesehen habe!"

„Nee, das stimmt nicht. Das sind nur dieselben Buden und Karussells sind wie beim Weihnachtsmarkt. Aber da auf den Tischen sind so weiß-blaue Tischdecken. Das ist das Oktoberfest."

„Das Oktoberfest?"

„Ja."

„In Berlin???"

„Ja."

„Das ist ja wohl das Perverseste, das ich je gesehen habe!"

Zuhause. Es klingelt an der Tür. Ich bewege mich zur Gegensprechanlage.

Ich: „Was?"

Er: „Ich bin's wieder! Dein DHL-Boy."

Ich: „Uääääh ... Irgendwas für mich dabei?"

Er: „Nee. Nur drei Päcklis für die Nachbarn."

Ich: „..."

Er: „Komm schon, mach auf! Ist doch nicht viel."

Ich: *Grummelgrummel

Ich öffne unter innerem Protest.

An der Wohnungstür:

Er: „Überraschung! Ist doch eines für dich dabei! Wollte dir eine Freude machen.“

Ich: „Ach, das ist ja lieb.“

Er: „Ist aber eine Bombe drin, glaub ich.“

Ich: „Mach doch EINMAL nen anderen Witz!“

Wenn es in dieser Vertrautheit weitergeht, knutschen wir bald.

Prenzlauer Berg. Eben haben auf beiden Straßenseiten je drei Leute, somit alle Anwesenden, nicht mitbekommen, dass die Fußgängerampel auf Grün geschaltet hat, weil alle auf ihre Smartphones geschaut haben.

Ich war so fasziniert, dass ich das Bild nicht zerstören wollte. Und bin dann auch die Grünphase lang stehen geblieben.

Pankow. Professionelle Zahnreinigung. Die sehr engagierte Zahnfachfrau taucht nach längerer Erstbegutachtung wieder aus meinem Rachenraum auf.

Sie: „Sagen Sie mal, wie putzen Sie eigentlich?“

Ich: „Was?“

Sie: „Wie Sie Ihre Zähne putzen.“

Ich: „Ja, wie man eben Zähne putzt.“

Sie: „Zeigen Sie mal!“

Sie gibt mir ein sehr großes Gebiss und eine sehr große Zahnbürste in die Hand, ich fühle mich etwas überrumpelt.

Ich: „Ist das Ihr Ernst?“

Sie: „Sie zeigen mir jetzt, wie Sie die Zähne putzen!“

Ich: „Das hat mir zuletzt ein Zahnarzt gesagt, als ich sieben war.“

Sie: „Dann wird’s ja höchste Zeit.“

Ich: „Ich hab einen Universitätsabschluss."
Sie: „Von Rot nach Weiß ..."
Ich: „Ich will aber nicht."
Sie: „Jetzt stellen Sie sich nicht so an!""
Kurze Zeit später.
Ich: „Meinetwegen, also ... da kommt die Bürste hin und dann so ..."
Sie: „Sehen Sie, das ist falsch!"

Hauptbahnhof. Ein Mann rennt gegen eine Glastür.
Seine Frau: „Da steht ZIEHEN."
Er: „Das kann man ja wohl auch da hinschreiben, wo ich es sehe! Scheiß Bahn!"

Die Gedanken der Taube

Wenn ich einen Hund sehe, denke ich mir meist: nichts. Denn es ist nichts Besonderes daran, einen Hund zu sehen. Hunde fügen sich ins alltägliche Straßenbild genauso ein wie schweigsam ihre Pflicht erfüllende und jede Fensterbank fotografierende asiatische Touristengruppen, beim Joggen musikhörende sportliche Menschen, Krankenwagen, die beim Joggen musikhörende sportliche Menschen nach unvermeidbaren Verkehrskollisionen abtransportieren, oder auch die Vertreter der kulturellen Gruppe der – wie ich es politisch korrekt ausdrücken mag – *People of Crazyness*.

Ab und an geschieht es aber selbst mir, dass ich einen herausragenden, also besonders putzigen, flauschigen oder knuddeligen Hund erblicke und mich unmittelbar der Drang überkommt, ihn zu berühren. „Darf ich den mal streicheln, darf ich, darf ich?“, frage ich dann hochanständig, und meist darf ich.

Ich habe das Einverständnis des rechtmäßigen Hundebesitzers, übergriffig zu werden, und nähere mich dem Knuddelobjekt.

Die Gedanken des Hundes: Ach scheiße, jetzt kommt da schon wieder einer. Kann man nicht einmal seine Ruhe haben, wenn man aufs Klo geht? Hoffentlich hat er sich die Hände gewaschen. Aber das fragt der Typ, mit dem ich ständig unterwegs bin, ja nie, wenn die anderen mich anfassen wollen. Immer nur so: „Ja klar, der mag das, kraul ihn doch hinterm Ohr!“ Immer nur hinterm Ohr. Ich werd viel lieber ganz woanders gekrault. If you know what I mean.

Und was er wohl sagen wird dabei, hm? Geheimtipp: dass ich ein ganz Braver bin. „Ein ganz Braver bist du!“ Jaja, wenn der wüsste. Ich merk mir, wie der riecht, und wenn wir das nächste Mal an seinem Haus vorbeikommen, dann piss ich da hin! Siehste mal, wer hier brav ist. Arschloch!

Die Gedanken einer Taube über der Streichelsituation: Oh ja. Oh geil. Gibt nix Besseres, als auf ner Stromleitung zu sitzen. Oaaah, das kribbelt. Aber ich lass mir nix anmerken. Mmmh. Gurrr. Da kann man sich mal so richtig entspannen. Ich kack jetzt da runter!

Die Gedanken eines Man of Crazyness, der gerade vorbeitanzt: Alle halten mich für verrückt. Dabei bin ich ein mathematisches Genie, hahahaha. Die Wahrscheinlichkeit, an einem ganz normalen Tag von einem Vogel auf den Kopf geschissen zu bekommen, ist 1,79 Mal so hoch wie die, in der Silvesternacht von einem herunterfallenden Böller getroffen zu werden. Beides ist nach dem Fibonacci-Retracement auf eine Laufzeit von 42 Jahre gerechnet gleich wahrscheinlich wie eine Bindehautentzündung aufgrund von Ejakulat, das ins Auge geht, und zwar geschlechterübergreifend … Irgendwas fühlt sich auf meinem Kopf gerade komisch an.

Die Gedanken der Taube: Treffer. Gurrr.

Die Gedanken des Hundes: Was der Vogel kann, kann ich schon lange. Es ist eine Sache, jemandem auf den Kopf zu scheißen. Aber das richtige A-Game ist es, es auf den Boden zu machen, und der Typ, den du spazieren führst, muss so lange warten und dir dabei zuschauen. Und wenn du fertig bist, hebt er es auf und steckt es sich in die Tasche.

Das ist erniedrigend. *Das* ist Doggy-Style. Take this, du Vogel.

Die Gedanken der Bundestagsabgeordneten Beatrix von Storch: Ich finde es gut, aufgrund meines Tiernamens in diesem Text vertreten zu sein und dass ich hier endlich mal ausreden –

Die Gedanken des Hundes: Der Typ, mit dem ich zusammenwohne, benimmt sich immer so, als wär ich gar nicht da, wenn wir zuhause sind. Der grundsätzliche Unterschied zwischen uns ist einfach, dass ich vom Körperbau her ziemlich gut dazu in der Lage bin, meine eigenen Genitalien zu lecken. Deshalb mach ich das ja ständig. Er hat das noch nie geschafft, obwohl er es jeden Tag versucht. Oberpeinlich! Aber wenn ich mal meinem Schwanz hinterherjage, stellt er das gleich auf YouTube. Wo ist da die Chancengleichheit, frag ich mich.

Die Gedanken eines an der unweit gelegenen Fußgängerampel wartenden jungen Mannes: Das Mädel da drüben, die ist aber hübsch. Das wär doch eine für mich. Die schau ich jetzt mal richtig flirtiv mit weit aufgerissenen Augen an, darauf stehen sie doch, die süßen Mäuse … Jetzt schaut die weg, die Schlampe. Bestimmt lesbisch!

Die Gedanken der Angesehenen: Uuuh, der Süße da schaut rüber zu mir. Ich find den ja schon ganz gut. Was mach ich denn jetzt? Ich schau mal lieber weg. Play it cool, Girl! Ich könnte ja gleich vielleicht einfach mal hallo sagen, wenn wir loslaufen. Oder, nee, noch besser: Ich tu weiterhin so, als würd er mich gar nicht interessieren. Obwohl ich voll auf ihn stehe. Gleich verlieren wir uns dann aus den Augen, in den nächsten Tagen träum ich dann ein paar Mal von ihm und such das ganze Internet nach ihm ab, um ihn wiederzufinden, am besten auf so Spotted-Apps, das klappt ja meistens. „Ich, w 24, habe dich, m, zwischen 20 und 50, letzten Donnerstag um 14.04 Uhr an der Ampel am Kotti gesehen, du hast total lieb geschaut mit deinen großen bedrohlichen Augen und ich kann dich nicht vergessen", so was eben, das wirkt sehr sympathisch immer. Und wenn ich mich dann richtig reingesteigert und ihn irgendwann in einem halben Jahr wiedergefunden habe, dann verfolge ich ihn überall hin, um ihn nie wieder zu verlieren. Und wenn er es gewagt haben sollte, in der Zeit was mit einer anderen anzufangen, dann werde ich ihn mit meinem Jagdmesser ausweiden wie all die anderen auch.

Die Gedanken des Hundes: Ich glaub ja sowieso, dass der Typ, den ich immer spazieren führe, so'n bisschen retarded ist. Manchmal im Park, da wirf er einfach sein Stöckchen weg. Ich bring ihm das dann wieder, und was macht der? Wirft es wieder weg. In ne andere Richtung. Ich mein, hallo? Das Stöckchen wär schon so oft verloren gegangen, wenn ich es nicht *jedes Mal* wiederholen würde. Das Stöckchen wirft er weg, aber meine Scheiße hebt er auf. Insane. Streichelt der andere mich jetzt eigentlich bald mal, oder wie? Juckt schon n bisschen.

Und als die Fußgängerampel nebenan keine fünf Sekunden später auf Grün schaltet, ist zwischenzeitlich nichts geschehen. Ich kraule den süßen Hund hinterm Ohr, sage ihm, dass er ein ganz ein Braver ist … und spüre irgendwas auf dem Kopf.

Gurrr.

Schreiben nach Gehör

Die didaktische Unterrichtsmethode „Schreiben nach Gehör" ist neuerdings in die Kritik geraten. Mir persönlich war bis vor sehr kurzer Zeit überhaupt nicht bekannt, dass es „Schreiben nach Gehör" überhaupt gibt. Sinn und Zweck dieser freigeistlichen Methode zum Rechtschreiberwerb, die wohl schon seit den 1970ern existiert und tatsächlich derzeit in 14 von 16 Bundesländern Anwendung findet, ist es, in den ersten zwei bis drei Schuljahren überhaupt keine Regeln zur Rechtschreibung aufzustellen und die Kinder so schreiben zu lassen, wie sie es selbst für richtig halten – womit letztendlich Frustration vermieden werden soll, die aufkäme, korrigierte man sie.

Nun die überraschende Erkenntnis, die kürzlich allen Nachrichtensendungen eine Meldung wert war: Wenn man Schreiben ohne Regeln lernt, kann man am Ende nicht so gut schreiben.

Nennt mich altmodisch, nennt mich konservativ, nennt mich polemisch, aber ich finde, das hätte man vielleicht irgendwie erwarten können. Lässt man Kinder einfach machen, was sie wollen, kommt selten Gutes dabei raus, in vielen Fällen bringen sie sich einfach selbst um. Beispiele?

Von führenden Waschmittelherstellern laufen momentan Werbespots, die nur eine Botschaft haben. Nicht etwa, dass ihr Waschmittel besonders weiß und besonders flauschig wäscht, sondern dass man Waschmittelpads nicht in Reichweite von Kindern aufbewahren soll. „Denn Kinder sind das größte Geschenk, das wir haben." Solche Spots produziert man natürlich nicht einfach so zum Spaß, sondern weil schon das ein oder andere Kind auf die Idee kam, sich ein Waschmittelpad in den Mund zu stecken, weil es ja aussieht wie ein großes, grünes Bonbon. Und kurz darauf sahen diese Kinder selbst aus wie große, grüne Bonbons.

Die Fähigkeit eines Menschen unter sieben Jahren, die richtige Entscheidung zu treffen, würde ich also durchaus als begrenzt bezeichnen. Aber wer bin ich, Kritik zu üben? Vielleicht irre ich und alles wird sich von selbst in die richtigen Bahnen lenken.

Neulich saß ich in einem Restaurant neben einer fortschrittlichen Kleinfamilie, die ihrem Benjamin die völlige Entscheidungsfreiheit darüber gelassen hat, was er denn essen möchte, anstatt, wie es jahrzehntelang gute Sitte war, über seinen Kopf hinweg zu entscheiden, dass er Pommes bekommt. Oder Spaghetti, wenn er gestern erst Pommes hatte. Die Mutter las die Speisekarte herunter und fragte nach jedem Gericht „Möchtest du das?". Die Entscheidung fiel schließlich so: Der liebe Kleine fand das Wort „Steak Tatar" so amüsant, dass er es unbedingt bestellen wollte. Da die Entscheidung eines Fünfjährigen ernst zu nehmen ist, bekam er sein Tatar kurze Zeit später serviert und kotzte schon nach dem ersten Bissen ein Masse von mindestens zwei Tatars in die Haare seiner Mutter, die die Schuld übrigens anschließend bei der falschen Zubereitung in der Küche suchte.

Ich verfolgte das Geschehen mit großem Entsetzen, denn mir war klar, dass das arme Kind sein Leben lang nicht wissen würde, wie man „Tatar“ richtig schreibt, wenn es das „Schreiben nach Gehör“ erlernt.

Da es das aber mit ziemlicher Sicherheit tun wird, schlage ich zur Abrundung des freigeistlichen Bildungsangebots auch noch die folgenden Neuerungen im Lehrplan vor:

1. „Rechnen nach Gefühl“
2. „Politik nach Meinung“
3. „Malen beim Fahrradfahren“
4. „Biologie nach der Bibel“ und
5. „Fußball mit der Hand“.

Die große Flugschau

Immer schwirrt hier diese Wespe herum. Jedes Mal, wenn ich hier stehe, summt sie mich von der Seite an. Immer auf Kopfhöhe, mal von links, mal von rechts. Ich achte darauf, meinen ausdrucksstarken Ausweichtanz so zu gestalten, dass die Umstehenden nicht auf den Gedanken kommen, ich vollführe eine Performance und verlange damit nach Kleingeldspenden.

„Wespe", kiekse ich entschuldigend und deute in die Luft, versuche, mit meinem Finger ihre Flugbahn nachzuzeichnen.

Der Mann, dem ich mich erklären will, blickt wie von aller Hoffnung verlassen durch mich hindurch. Die Wespe ist ihm egal, ich bin ihm egal. Er weiß so gut wie ich, worauf wir uns einlassen. Alles ist egal.

„Wann sollte der nochmal eröffnen? Zur Wende?", kalauern weitere Anwesende in kurzer Distanz.

Natürlich, die vielfach verschobene Eröffnung des neuen Prunkflughafens BER ist gerade an diesem Ort ein beliebtes Thema, denn sollte sie tatsächlich irgendwann stattfinden, wovon momentan eigentlich niemand mehr wirklich ausgeht, bliebe uns endlich die Selbstgeißelung erspart, in die wir Rollkofferpilotinnen und -piloten im Begriff sind, uns zu begeben.

Wir stehen am S-Bahnhof Beusselstraße und warten auf den Tegelbus. Nicht jede Weltmetropole kann sich einen solchen Luxus erlauben, einen Bus im Fünfminutentakt zum wichtigsten Flughafen der Stadt. Andernorts fährt man schnöde mit U- und S-Bahn direkt ans Terminal. Nicht in Berlin! Wir fahren Bus. Denn wenn man gleich in die große, weite Welt entschwebt, braucht es vorher die maximale Erdung.

Und da kommt sie schon angefahren, die Erdung. „TXL“ prangt in stolzen gelben Lettern vorne auf dem Ziehharmonikagefährt, ich verlasse meinen angestammten Warteplatz, den Luftraum meiner Stammwespe, um mir im bevorstehenden Gemenge einen Vorteil zu verschaffen. Weitere Wartende klappen die Ellbogen aus, schieben sich in günstige Kampfpositionen und drängen zur Bordsteinkante. Ein zufällig vorbeiradelnder Foodora-Lieferboy wird kurzerhand abgedrängt und kaltblütig geopfert, weshalb baut man den Radweg auch zwischen Bus und Passagiere? Selbst schuld!

Mit einem erschöpften Aufstöhnen neigt sich der Tegelbus uns zu und öffnet seine drei Pforten. Diejenigen, die in seinem Inneren bisher Halt gefunden hatten, indem sie ihr Gesicht an die Türscheiben pressen ließen, fallen uns vor die Füße. Pure Ungläubigkeit aufseiten derer drinnen, „Hier sollen noch mehr Leute rein? Das sind über dreißig!“ trifft auf eiskalte Vehemenz unsererseits. Die Beussel-Gang steht hier nicht zum Spaß, jede Lücke wird genutzt, in einer halben Stunde ist Boarding. Menschlichkeit, Mitgefühl und Manieren existieren ab diesem Zeitpunkt nicht mehr, jeder kämpft für sich allein. Der Mann mit dem leeren Blick schiebt sich und seinen Rimowa ohne Rücksicht auf Verluste durch die Mitteltür und in die Menge der Versehrten, die schon ab Abfahrt am Alexanderplatz an Bord sind, ich folge in seinem Windschatten.

„Vielleicht warten wir einfach auf den nächsten? Der ist bestimmt nicht so voll“, höre ich ein naives, schwäbisches Weib hinter mir fiepsen. Soll sie sich nur ihre Märchen einreden. Was für unrealistische Erwartungen hat sie wohl noch? Gepäckablagen? Klimatisierung? Wir sind hier nicht in Dubai, wir sind im Tegelbus. Fliegen oder nicht fliegen, das ist hier die Frage. Jetzt heißt es fünf Minuten die Luft anhalten, die Blutzufuhr zu den äußeren Extremitäten irgendwie sicherstellen und sich vor der scharfen Linkskurve so positionieren, dass man Halt an einer Stange, einer Frisur oder in einer Augenhöhle findet. Und schon kann die Reise losgehen. Die Türen schließen. Die Schwachen und Schwaben lassen wir zurück, den Wespen zum Fraße.

Vor Terminal AB wartet ein unförmiger Bundespolizist auf seine Rente. Er schmatzt ein letztes Mal an seiner Stuyvesant und schnippt sie einer schwedischen Kleinfamilie vor den Gepäcktrolley. „Aufpassen!“, mahnt er hinterher und wendet sich ab, seiner Kontrollrunde zu. „Eh alles scheiße“, höre ich ihn raunen, als er mich passiert.

Das ist die richtige Einstellung. Erwartungen jedweder Art sind hier absolut fehl am Platz. Der Flughafen Berlin-Tegel „Otto Lilienthal“ fühlt sich an, als wäre man bei den Großeltern zu Gast. Nachdem einer von ihnen gestorben ist und der andere nicht mehr so sehr auf die Ordnung achtet. Überall staubt es ein wenig, in den Vitrinen erinnern bröckelnde Trophäen an vergangenen Glanz, das gute Porzellangeschirr hat Risse, aber aus Höflichkeit trinkt man aus den Tassen und riskiert einen Lippenschnitt, statt sich zu beschweren. Denn immerhin ist das Porzellan überhaupt noch da. Man hält den Laden routinemäßig am Laufen, aber weiß, dass es bald endgültig zu Ende gehen wird. Hurra, wir leben noch!

Ein paar Jahre. Und immerhin gibt es bei einem Abflug von Tegel doch einen sehr guten Grund zur Freude: Man fliegt nicht von Schönefeld.

Ich habe dennoch Pech und fliege nicht aus der geliebten Wabe, die sich ihrer kurzen Wege wegen und der damit einhergehenden Verschonung von Duty-free-Krimskrams angenehm von allen anderen mir bekannten Terminals unterscheidet, sondern vom Terminal C, es bedarf einer kleinen Wanderung.

Auf dem Weg höre ich das Best-of der Sicherheitsdurchsagen in Heavy Rotation: *Nicht rauchen*, *Gepäckstücke nicht unbeaufsichtigt lassen* und *Vorsicht vor Taschendieben*. Ich entwickle die Theorie, dass sich diese drei Gefahren eigentlich ganz gut gegenseitig aufheben: Wenn ein unbeaufsichtigtes Gepäckstück raucht, wird sich immer ein Taschendieb finden, der es mitnimmt.

Beim Security-Check schart sich das Reisevolk an den ersten vier Checkpoints, weiter hinten herrscht angenehme Leere. Der Vorteil an Flughäfen ist ja, dass man an jeder Schlange, solange sie nicht durch Absperrbänder geformt ist, einfach vorbeigehen kann, ohne dass sich irgendjemand beschwert. Denn die Sorge, ob man die Feuchtigkeitscreme, deren Tube 200 statt der erlaubten 100 Milliliter fasst, die aber schon zur Hälfte aufgebraucht ist, mit dieser Argumentation in den Flieger bekommt, überwiegt die neidende Aufmerksamkeit auf die Umgebung. Und sowieso nimmt man ja an, dass jemand, der sich auf einem Flughafen an einem vorbeischiebt, schon seine guten Gründe dafür haben wird, immerhin ist hier das Klassensystem noch eisern manifestiert, was sich später an der Einstiegsreihenfolge ins Flugzeug zeigen wird. Munter beschwingt passiere ich also die Ahnungslosen und werde am letzten Checkpoint schon freundlichst von einer mittelwach wirkenden Dame begrüßt: „Na herrlich, kommt ja doch noch eener zu uns“, sagt sie und wendet sich ab, um trocken auf den Boden abzuhusten.

Ich entledige mich meines Gürtels und packe mein Privatleben in die Plastikwannen vor mir.

„Was brauchen Sie von mir? Den Boarding Pass?“, frage ich.

„Ich brauche Urlaub“, sagt sie.

Damit endet unser Gespräch. Keiner von uns hat Lust auf den gängigen Smalltalk („Haben Sie Flüssigkeiten dabei?“ – „Nein.“ – „Laptop?“ – „Liegt hier.“ – „Den müssen Sie aus der Hülle nehmen.“ – „Hab ich schon. – „Ahja. Noch was in den Taschen?“ – „Nö.“ – „Und sonst so?“), ich erahne ein bestätigendes Zucken unter ihrem linken Auge, als die Wannen davonfahren. Vielleicht ist das aber auch nur eine Ahnung, sie befindet sich wieder in ihrer Starre, bis der nächste Kunde eintrifft.

Als ich mich Richtung Metalldetektor wenden will, wird mir klar, weshalb sich die zu Kontrollierenden an den Stationen am Eingang der Halle konzentriert haben: aus Angst vor totaler Durchleuchtung. Ich befinde mich an der Ganzkörperscanner-Station und werde schon herangewunken. Füße auf die Fußtapsen, Hände an die Stangen, piep piep, ich bin gescannt.

Hinter der Scannerwand höre ich ein glockenhelles Kichern.

„Hihi, der sieht aber komisch aus.“

„Pssst! Der Mann steht doch noch da“, flüstert es halbherzig ermahnend.

„Ganz anders wie der letzte. So komisch eben.“

„Jeder Puller ist einzigartig, hab ich dir vorhin schon gesagt. Und wir lachen nicht darüber.“

„Hihi.“

Ich werfe dem Sicherheitsmann einen aufrecht verwunderten Blick zu. Er zuckt entschuldigend eine Schulter: „Die Kollegin am Bildschirm hat ihre Tochter heute mit zur Arbeit gebracht. Es ist Girl’s Day. Sie können weitergehen.“

Ich entscheide kurzerhand, „komisch“ als Kompliment aufzufassen, packe meinen Koffer und nehme mit: alles, was ich vor einer Minute ausgepackt habe.

Das Flugzeug ist das sicherste Verkehrsmittel. Das Flugzeug ist das sicherste Verkehrsmittel auf der ganzen Welt! Es ist absolut unwahrscheinlich, dass wir abstürzen. Natürlich weiß man das, natürlich weiß ich das. Dennoch schließe ich unmittelbar vorm Start – die kahlen Flughafenwiesen witschen vor dem Fenster vorbei, die Düsen kawummsen wie der zornige Donnergott auf Koks, wir beschleunigen turboös, ich werde eins mit der Lehne in aufrechter Sitzposition – vorsorglich mit dem Leben ab. Wie viele Mails sind noch unbeantwortet? Wer singt auf meiner Beerdigung? Hätte ich doch mal jemandem den Private Key für meine Bitcoins anvertrauen sollen? Denn mit meinem Zerschellen am Boden wären sie unwiederbringlich verloren, und in einigen Jahrzehnten ja sicherlich wieder achtzig Euro wert. Hypen die Videos auf YouTube mit meiner Todesnachricht?

Die Nase lupft sich vom Boden, der Point of No Return ist überschritten, wir werden es tun, wir fahren auf in den Himmel.

Wenn Kinder an Bord sind, beruhigt mich das ungemein. Nicht unbedingt in dem Sinne, dass deshalb schon nichts passieren wird, weil das Schicksal es nicht zulassen wird, nein, vielmehr leitet mich der Gedanke, dass, sollten wir jetzt abstürzen, ich viel mehr erlebt habe als diese Kinder. Das ist doch schön. Nicht unbedingt für die

Kinder, aber die sind ja nur hypothetisch tot, also muss man ihnen nicht nachweinen. Noch nicht!

Was mich außerdem fundamental beruhigt: Stewardessen weit jenseits der fünfzig, denen man in ihren ledernen Gesichtern ansieht, wie lange sie ihren Job schon ausüben und dabei offenbar noch nie abgestürzt sind. Sie haben schon über dem Atlantik und dem Pazifik ihr Wägelchen durch den Gang manövriert und zollfrei Schweizer Präzisionsuhren und Parfum verkauft, haben über allen Kontinenten die Passagiere ermahnt, ihr Tischchen beim Landeanflug hochzuklappen. Sie waren schon im Geschäft, als man im Flugzeug noch rauchen durfte, ja, musste! Damals, zu den Glanzzeiten der Aviation, sind sie selbst ketterauchend durch die Gänge getanzt, haben sich von alten Säcken einen Klaps auf den Po abgeholt, es weggelächelt und ihnen zur Strafe in den nächsten Bourbon gespuckt. Sie sind noch immer da, und jetzt bedienen sie mich. Gratis-Bourbon gibt es nicht mehr, aber Tomatensaft von Albi. Denselben, den ich zuhause bei mir im Kühlschrank stehen habe. Seit sieben Jahren, ich bin sogar damit umgezogen. Denn um puren Tomatensaft auf der Erde zu trinken, muss man schon ein ziemlicher Idiot sein. Eigentlich ist man ein noch größerer Idiot, wenn man Tomatensaft in der Luft trinkt, weil man sich einredet, er schmecke dort besser. Tomatensaft schmeckt immer scheiße.

Die Reiseflughöhe ist erreicht. Ich entspanne mich und bestelle einen Tomatensaft. Zwei Reihen vor mir wedelt eine der Stewardessen einem Kleinkind mit einem Plüschflugzeug vor der Nase herum. „Möchtest du das? Na? Möchtest du das?“, fragt sie.

Richtig nett. Die kleinen Hände schnappen zu, sie wendet sich zur Mutter und rastet ihre Mundwinkel gekonnt auf Höhe der hinteren Backenzähne ein: „Das macht 19,90 Euro. Mit Karte, bitte."

Einige Tage später.

„Es tut mir leid", sagt sie, ohne damit die geringste Emotion auszudrücken.

Sollte der teilweise Austausch der Menschheit gegen humanoide Roboterwesen bereits unbemerkt erfolgt sein, ist der Flughafenschalter der erste Platz, an dem man nachsehen sollte.

„Tut es dir nicht", würde ich ihr entgegnen, wäre ich dazu in der Lage, irgendeinen vernünftigen Gedanken zu fassen, einen halbwegs geraden Satz herauszubringen.

Ich wäre gerade sehr gern woanders. Vornehmlich am Strand oder im Bett, oder in einem Jacuzzi. Das kann doch alles nicht wahr sein. Weil ich vergessen habe, mich selbst online einzuchecken, soll ich 55 Euro nachzahlen. Obwohl sie mir hier bei der Gepäckabgabe auch einfach eine Bordkarte ausdrucken könnte, wie es alle anderen Airlines auch machen. Bei Swiss und LuxAir geben sie mir immer noch eine mit, obwohl ich online eingecheckt habe. „Zur Sicherheit", heißt es dann. Klar, nichts geht über die Sicherheit. Mein Akku könnte ja ausgehen und schon hätte ich kein Ticket mehr. Das ist sehr fürsorglich. Das Gegenteil von Fürsorge ist Ryanair, der Viehtransporter für sparsame Anspruchslose.

„Sie können doch da", versuche ich mich auszudrücken und deute auf ihren kleinen Computer, „da können Sie doch, da ist meine Bordkarte drin."

„Es tut mir leid", antwortet sie. „Sie müssen die 55 Euro leider nachzahlen."

Ich finde es an sich schon erstaunlich, dass ich den Sinn ihrer Aussage erfassen und scharfen Verstandes kombinieren kann, dass es ihr ganz und gar nicht leid tut. Erstaunlich ist außerdem, dass ich überhaupt hier stehe, dass ich überhaupt stehe.

Schon am ersten Urlaubstag hatte uns jemand erzählt, dass es auf den Kanaren legal sei, Marihuana zu erwerben, und es dafür eigene Shops gäbe. Da man sich als moderner Tourist den Touristen ja nicht anmerken lassen darf und stets „like a local" unterwegs sein sollte, um sich nicht seines Daseins als Non-Local schämen zu müssen, haben wir natürlich ordentlich eingekauft, von allem etwas, einmal bunte Tüte. Gestern, am letzten Urlaubstag, war noch über die Hälfte übrig, und Ressourcen soll man ja bekanntlich nicht verschwenden, Stichwort Nachhaltigkeit. Unter staatlicher Aufsicht vertriebenes, spanisches Weed knallt ganz schön, das war mir vorher schon aufgefallen, kein Vergleich zu dem Gestrüpp, das man auf den Straßen Berlins erwerben kann. Sagen die Leute. Dann noch bei wenig Übung ein paar Sorten über den Tag verteilt in der kanarischen Sonne durcheinander inhaliert und gute Nacht mit Karussell im Kopf.

Um 8 Uhr morgens hupte uns das lange vorbestellte Taxi aus unserem steinschweren Schlummer auf dem Boden unserer Terrasse. Wir hatten es in der Nacht für eine gute Idee befunden, erst alle unsere verbliebenen Vorräte aufzuessen und dann noch einmal zum Strand zu gehen, hatten aber nur den einen Meter auf die Terrasse geschafft, wollten uns dort kurz ausruhen und waren eingeschlafen. Klassisches ruhmreiches Ende einer jeden Kiffergeschichte. Das Packen hatten wir ebenso vergessen wie, obviously, online einzuchecken. Wobei ich nur beim Packen wusste, dass es eine unbedingte Voraussetzung für die Rückreise darstellte.

„Sie entscheiden! Wollen Sie heute mit uns fliegen?“, fragt die Schaltertrulla mit dem blauen Halstuch und verziert ihre aufgemalte Visage mit einem Keramiklächeln.

„Nein“, sage ich. „Aber ich muss.“

Nach längerem Gewühle in meinem Portemonnaie finde ich das Fach, in dem ich die Scheine aufbewahre (das größte), und knalle ihr 60 Euro auf den Tresen.

„Es tut mir leid“, sagt sie. „Das müssen Sie dort drüben am Schalter nachzahlen. Hier ist nur Baggage Drop-off.“

„Aber ich …“, ich weiß nicht, wie ich weiterreden soll. Zwar formen Buchstaben fantastische Gebilde in meinem Kopf, aber es rutschen keine weiteren mehr nach unten, um aus meinem Mund zu fallen.

„Wenn Sie die Bordkarte haben, können Sie sich wieder hinten anstellen. Ohne Bordkarte kann ich Ihr Gepäck natürlich nicht annehmen.“

„Aber ich.“

„Es tut mir leid.“

„Ich will aber nicht.“

„Sehr, sehr leid.“

„Ich will doch nur nach Hause.“

„Security!“

„Bitte nicht!“

„Security! Dieser Fluggast zeigt sich etwas uneinsichtig.“

Überhaupt nicht. Dieser Fluggast hat sich lediglich regionalen Spezialitäten gewidmet, like a local. Das kann man ja wohl wirklich keinem vorwerfen.

Immerhin scheine ich nicht der Erste zu sein, der in solch einem Zustand ein Flugzeug besteigen will. Der Security-Mann, der mich an die Hand nimmt und zum Nachzahlschalter führt, redet ruhig und sonor auf mich ein: „Schauen Sie mal, es gibt einen eigenen Schalter nur dafür, um Leute, die den Online-Check-In versäumt haben, nachzahlen zu lassen. Mit einer echten Person, die die Zahlungen entgegennimmt. Glauben Sie, so eine Stelle würde geschaffen, wenn die meisten Leute dran denken würden und nicht nachzahlen müssten? Ich bitte Sie, das ist Ryanair. Es muss sich also rechnen. Im Flieger müssen Sie bei denen sogar noch dafür zahlen, dass die Stewardess Ihnen ins Gesicht furzt. Aber was erwarten Sie von einem Flug mit einem Grundpreis von 5 Euro bei sechs Stunden Flugzeit? Seien Sie nicht naiv. Sie sind Teil des Problems!"

Zumindest glaube ich, dass er das gesagt hat. Denn er hat Spanisch geredet und ich verstehe überhaupt kein Spanisch.

Beim Start ist mir diesmal alles egal. Sollen wir abstürzen, meinetwegen. Ich habe meine Kopfhörer nicht im Handgepäck und einen Mittelplatz zwischen zwei Freundinnen aus Rostock, die sich Kekse über mich hinwegreichen und sich die Highlights ihrer zurückliegenden Kreuzfahrt erzählen. Ich schließe die Augen und konzentriere mich darauf, den Sinn ihrer Worte nicht zu erfassen.

Nach einer Weile verwandelt sich ihr Redefluss in ein einziges monotones Geräusch, das meinen Kopf umschwirrt, mal ganz nah an meinem linken, mal ganz nah an meinem rechten Ohr, als würde mich etwas umkreisen, etwas Summendes.

Zwoneunzehn

„Großvater, Großvater, erzähl mir was von früher!“
Wir befinden uns im Jahr 2055, auf einer Flugtaxifahrt von Potsdam nach Cottbus, ich unterhalte mich mit meiner Enkelin Hedi.
„Großvater, Großvater, ich bin so wissbegierig, sag mir, was habt ihr früher gemacht? Zum Beispiel 2019? In eurer Freizeit?“
„Mein Kind, ich appreciate deine Frage. Da gab es natürlich tausende von Möglichkeiten damals, wir waren ja eine sehr weit entwickelte Gesellschaft, und in unserer Freizeit, da haben wir hauptsächlich Netflix geschaut.“
„Netflix?“
„Ja, das war so ein Streaming-Anbieter.“
„Streaming?“
„Streaming. Und da haben wir eben sehr viele Filme und auch Serien gebinged.“
„Gebinged?“
„Gebinged. Also, das lief so: Du bist auf Netflix gegangen, so abends um zehn, und hast dir gedacht, oh, Überraschung, da ist ne neue Serie, die spricht mich an, rein optisch, vom Teaserbild her, sie entspricht auch zu 96 Prozent meinen Sehgewohnheiten, da kuck ich mir doch mal ganz unverfänglich den Beginn der Pilotfolge an. Und dann ging es los. Die ganze Nacht bis morgens um 6 die erste Staffel durchgerattert, da konntest du ein-

fach nicht aufhören. Hast den Laptop noch mit zum Zähneputzen und aufs Klo genommen. Alle zwei Stunden hat dich Netflix gefragt, ob du schon eingeschlafen bist oder weiterschauen willst."

„Das ist aber nett."

„Ja, sehr nett. Und ganz am Ende der Staffel haben sie dich gefragt, ob dir die Serie eigentlich gefallen hat, Daumen hoch oder runter, und da hast du dann zum ersten Mal überhaupt drüber nachgedacht. Und manchmal, das war sehr lustig, hast du dann so gemerkt: Ich hab das jetzt acht Stunden lang angeschaut, fand's aber eigentlich von Anfang an richtig scheiße."

„Das ist lustig, Großvater. War das denn schön, das immer mit anderen zusammen zu schauen?"

„Ähm, das hat man eigentlich eher so für sich gemacht. Aber man hat mit anderen drüber geredet! Wenn das ging. Also wenn man keine Angst haben musste, dass man sich gegenseitig spoilert. Meistens hat man eher nicht drüber geredet."

„Und daran hattet ihr Spaß, ja?"

„Ähmja. Aber wir haben ja noch andere Sachen gemacht."

„Zum Beispiel? Zum Beispiel?"

„Zum Beispiel Instagram. Da haben wir Fotos von uns angeschaut und denen Herzen gegeben."

„Herzen?"

„Ja, ja, ähm, Herzen."

„Wie schön. Instagram war also eine Plattform der Liebe?"

„Das kann man so sehen, ja. Aber eigentlich war es mehr so eine Plattform des unverhüllten Schaufenster-Kapitalismus. Jeder fünfte Post war Werbung. Viel mehr Werbung, als es jemals vorher auf irgendeiner anderen Plattform gegeben hat. Aber trotzdem war das cool. Weil die Werbung so natürlich ausgesehen hat. Dir ist im ersten Moment gar nicht aufgefallen, dass das Werbung war, weil die so ein smoothes Design hatte und das Bildschirmerlebnis mitgetragen hat. Da hat man schon gern mal draufgeklickt und sich einen Alloverprintpullover aus Polen bestellt. Das haben wir so gemacht, 2019."

„Ihr wart also die ganze Zeit allein zuhause und habt Sachen im Internet gemacht?"

„Neien! Wenn man auf Instagram mal einen sehr schönen Landschaftsausschnitt gesehen hat, dann ist man da durchaus auch hingefahren. Um sich davor zu fotografieren. Und zwischendurch haben wir auch mal Digital Detox gemacht."

„Digital Detox?"

„Digital Detox."

„Digital ..."

„Detox! In dem Sinne, dass man mal gesagt hat: Ich werd jetzt ganz bewusst zwei Stunden lang nur im absoluten Notfall auf mein Telefon schauen. Also nur bei Push-Nachrichten."

„Großvater, sei mir nicht böse aber, das klingt irgendwie alles so, als wäret ihr damals eine narzisstische, egoistische Wohlstandsgesellschaft gewesen, die noch nicht gelernt hat, mit den ihr neuen technischen Möglichkeiten sinnvoll umzugehen, sie stattdessen suchtartig überkonsumiert und dadurch eine Milliardenarmee an selbstherrlichen, therapiebedürftigen Arschlöchern produziert hat."

„Und Arschlöcherinnen, mein Kind, und genderneutrale Arschlöcher* auch. Wir waren sehr darauf bedacht, das sprachlich richtig auszudrücken, weißt du. Aber zu deinem Vorwurf: Den kann ich so nicht ganz stehen lassen. Wir haben auch Gutes getan damals. Zum Beispiel sind wir ab und an rausgegangen, zu Demos und Gegendemos, solange es da ein paar Wägen mit Techno gab. Und die lustigsten Demo-Schilder, die sind ja meist viral gegangen, das war eine Art Competition!

Und einmal, ich erinnere mich noch, als wäre es gestern gewesen, da hat ein Freund von mir in seinem Hausflur einen Obdachlosen gefunden, der da geschlafen hat. Und dann hat er ihm geholfen. Er hat erst die Hausverwaltung und die Polizei angerufen, damit sie ihn abtransportieren, hat dann aber sofort eine höchst emotional formulierte Online-Petition auf avaaz.org erstellt und Unterschriften dafür gesammelt, dass Obdachlose woanders schlafen können. Und ich fand das gut und hab da auch unterzeichnet. Also ohne meine Adresse, du weißt, Datenschutz und so, weiß also nicht genau, ob die Unterschrift gezählt hat, aber andere haben nicht mal auf den Link geklickt. Ich muss also sagen: Ich war schon sehr engagiert."

„Großvater, Großvater, du bist ein richtiger Depp! Gab es denn irgendwas, was ihr damals gut und richtig gemacht habt, was darüber hinausgegangen ist, auf euren Touchscreen zu tatschen?"

„Naja, also wir haben schon auch Ressourcen eingespart, Baumwolle vor allem, weil wir irgendwann, das mag Ende 2017 gewesen sein, damit aufgehört haben, im Winter richtige Socken anzuziehen, weil knöchelfrei einfach im Trend lag, da fror man auch gerne, ich mein, Hauptsache ist doch, man sieht gut aus, bei dem, was man macht."

„Natürlich, Großvater. Oder bei dem, was man nicht macht."

Berliner Dialoge (3)

Friedrichshain. An Halloween beim Vietnamesen. Eine Mutter mit Hexenhut schiebt ihre beiden als Kürbisse in Schale geworfenen Kleinkinder vor sich her nach drinnen. Die Kinder stehen ängstlich im Raum. Alle Tische sind voll besetzt, hinter dem Tresen herrscht große Geschäftigkeit bei den drei Köchinnen/Servicekräften.

Mutter: „Jetzt!"

Kinder (synchron und sehr leise): „Süßes, sonst gibt's Saures."

Niemand reagiert.

Mutter: „Nochmal. Lauter!"

Ein Kind: „Süßes, sonst ... der Leon macht nicht mit."

Mutter: „Nochmal, alle zusammen."

Kinder und Mutter: „Süßes, sonst gibt's Saures."

Niemand reagiert.

Mutter: „So eine Frechheit. Und nochmal. Drei, zwei, eins."

Mutter, allein und laut: „Süßes, sonst gibt's Saures!"

Die Kinder schämen sich und drehen sich weg.

Eine der Köchinnen schaut endlich hoch: „Wir haben grade wirklich viel zu tun. Kommen Sie doch später wieder."

Mutter: „Na gut."

Sie gehen.

Kommentar von einem der Tische: „Konsequent war das aber nicht."

Ostbahnhof. Am Bahnhofskiosk.

Sie: „Macht 4 Euro 28."

Ich: „Ich schau mal, ob ich was Kleines hab."

Sie: „Solang es nicht schreit und Geld kostet, nehm ich's."

Mitte. Plötzlich habe ich ein Mikrofon und eine Kamera vor dem Gesicht und ich werde aufgefordert, fünf Politiker zu nennen. Warum sollte ich das tun, frage ich mich. Und: Was für einen Zweck hat das?

Da zuckt es mir durchs Hirn: Es geht sicherlich um gegenderte Sprache und darum, dass bei der Aufforderung „Nennen Sie 5 Politiker!" nur oder mehr Männer genannt werden und bei der Aufforderung „Nennen Sie 5 Politikerinnen oder Politiker!" mehr oder etwa gleich viele Frauen. Ganz neue Idee.

Na gut, ich will mal nicht so sein und nenne: „Merkel, Nahles, Roth, Wagenknecht."

Ganz aufgeregt und mit zittriger Hand fiebert die Journalistin meiner finalen, fünften Nennung entgegen. Sollte ich der Erste sein, der auf die Frage ausschließlich Frauen nennt? Hätte sie damit früher Feierabend? Würde ein Konfettiregen auf mich herniedergehen und ein Männerballett auf dem Potsdamer Platz erscheinen und Limbo tanzen, um den Niedergang des Patriarchats zu feiern, sobald ich die fünfte Frau nenne?

Ich entscheide mich ganz pragmatisch dafür, keine Lust auf den Zirkus zu haben, in irgendeiner Lifestyle-Sendung oder einem YouTube-Kanal als feministischer Vorzeigepassant abgefeiert zu werden, und raune ins Mikrofon: „Peter. Altmaier."

Rummelsburg. Auf einer Techno-Party. Man lernt sich kennen.

Ich: „... und Bücher schreib ich."

Er: „Aha. Da kenn ich mich nicht so aus. So von deutschen Schriftstellern kenn ich nur Goethe, Schiller und Mozart."

Ich: „Mozart war Österreicher. Und Komponist."

Er: „Du hast studiert, wa?"

Ich: „Naja, das kann man auch wissen, ohne ..."

Er: „Deine Jacke gefällt mir. Was willstn dafür haben?"

Sei die Blume

Nachdem er sich mit allerletzter Kraft, die letzten Kilometer humpelnd und mit vom Fahrradsturz aufgeschürften, blutenden Knien, über die Ziellinie schleppt, reckt der Triathlet die Arme in die Höhe, genießt seinen Triumph, Platz 272, und bricht dann endgültig in sich zusammen. Die Beine zittern, der Brustkorb pumpt unkontrolliert, die Augen des Sportlers verdrehen sich in sein Inneres. Die Sanitäter kommen mit der Sauerstoffmaske angerannt, ich wende mich vom Fernseher ab, meinem Handybildschirm zu und kommentiere: „Was strengt der sich auch so an?!"

Auch ich ziehe gern mal eine Bahn im Schwimmbad, auch ich laufe gelegentlich, wie es die meisten Menschen tun, und auch dem Bike als Fortbewegungsmittel kann ich durchaus etwas abgewinnen. Dennoch keimte in mir noch nie folgende Idee auf: ‚Schwimmen, Fahrrad fahren, laufen, alles ganz schöne Sachen, das mach ich jetzt mal hintereinander, zehn Stunden lang, auf Hawaii, bei 40 Grad.' Ist schwer zu glauben, hab ich mir aber wirklich noch nie gedacht.

Warum tun sich Leute nur so etwas an, frage ich mich, angle mit der Linken ein Stück Gebäck vom Tortentablett und stecke es mir in den Mund, Mohn-Mandel-Geschmack. Im Fernseher wird der mittlerweile gänzlich bewusstlose Athlet von zwei Sanis aus dem Bild geschleift.

„Also, er kann wirklich nicht sagen, dass er nicht n bisschen selbst schuld ist“, murmle ich vor mich hin.

Ich grabe mich mit einem kleinen Schultertanz noch tiefer in die Kissen auf meinem Sofa und stöhne zufrieden auf. Aaah, so gemütlich. Draußen regnet es leicht, ich sehe also keine Veranlassung, meine Lage demnächst zu verändern. Nichts zu tun heute, gar nichts. Nur ein paar Notlügen ausdenken, wenn gleich mein Personal Coach anruft.

Dieses Jahr hab ich es etwas übertrieben mit den Neujahrsvorsätzen. Ich habe mich nicht, wie sonst immer, einfach nur im Fitnessstudio angemeldet, um dann einmal hinzugehen und im September den Vertrag zu kündigen, nein, ich bin aufs Ganze gegangen. Rundumbetreuungspaket. Ernährungsberatung, dreimal die Woche Studio mit Claudius, meinem Personal Coach, der halb so alt ist wie ich, und als Bonus jeden Tag ein motivierender Anruf von ihm. Mittlerweile drück ich ihn meistens weg, weil ich wirklich keinen Bock mehr drauf habe, von ihm motiviert zu werden, er spricht mir auch viel zu schnell. Ich glaube außerdem, er ist ein bisschen dumm. Er sagt immer, dass ich heute 150 Prozent geben soll. Da denk ich mir doch: Von jemandem, der die einfachsten mathematischen Prinzipien nicht beherrscht, lass ich mir gar nix sagen.

Außerdem lebe ich mit dem Prinzip, immer 70 Prozent zu geben, an sich ganz gut, man muss sich ja noch Raum für Entwicklungen offenhalten. Bei meiner Arbeit verfahre ich genauso. Wenn ein Text zwei Seiten lang ist, ist er fertig, egal, ob er jetzt inhaltlich ein Ende hat oder nicht. Man muss auch nicht in jedem Satz auf formvollendete Formulierungen achten. Die Hauptsache ist doch, dass man überhaupt was schreiben tut.

Das Telefon klingelt, Claudius bittet zum Motivationsgespräch. Ich nehme unbedacht an.

„Hey Chris, ich wollt dir ein paar positive Gedanken durchgeben", kreischt er mit seiner Micky-Maus-Stimme.

„Claudius, ich hab dir bei unserem ersten Gespräch gesagt, dass ich es hasse, wenn man mich Chris nennt."

„Siehst du, das ist schon wieder viel zu negativ von dir, Chris. Also: Das Leben ist schön!"

„Jetzt geht das wieder los ..."

„Setz dir deine Ziele! Und übertriff sie!"

„Oaaargh."

„Begegne dem Tag mit einem Lächeln."

„Ach, komm ..."

„Chris, jetzt mal ehrlich. Ich glaub, du wehrst dich ein bisschen dagegen, dich auf meine Philosophie einzulassen, die Philosophie des Positiven. Ich spüre das. Ich hab mir viele Gedanken gemacht, und ich fände es am besten, wenn wir beide mal zusammen zu einem Motivationsseminar gingen."

„Zu was?"

„Einem Motivationsseminar."

„Wenn du Motivationsseminar sagst, meinst du damit ... ein Motivationsseminar? So was, wo ein Guru auf der Bühne steht und jedem, ich wiederhole: *jedem*, der 499 Euro dafür zahlt, erzählt, wie besonders er ist und dass er es schaffen kann? Es, also was auch immer das sein soll?"

„Ja, genau so was. Was findest du daran denn nicht gut?"

„Ähm, ich formulier es mal positiv. Ich finde es ja an sich schwer beeindruckend, wie diese Motivationskünstler vor einem stehen, auf einer mit Schlagworten verzierten Bühne, ‚Erfolg', ‚Unabhängigkeit', ‚Power', gerne auch auf Englisch, ‚Success', ‚Independence', ‚Power', jeder Satz geschliffen und jedes einzelne Wort extra betont, *‚damit die Message in deinem Kopf landet, sich da andockt. Glaubst du mir das? Ich duze dich, obwohl ich zu einer undefinierten Masse Menschen vor mir rede. Damit sich jeder angesprochen fühlt, und balle meine Faust dabei, die ganze Zeit, um meine Message zu unterstreichen. Sprich mir nach: „Ich bin wertvoll! Ich bin eine Blume, eine wunderschöne, wohlriechende Blume! Ich rage heraus aus dem Blumenstrauß. Ich bin eine Blume!" Was ist denn mit den anderen? Die sind nicht hier im Seminar, die sind keine Blumen. Die sind dumm. Kaufen sich Essen für ihre 500 Euro, statt sie mir zu geben, damit ich dir erzählen kann, dass ich mal irgendwas geschafft habe und du das auch schaffen kannst, wahrscheinlich, vielleicht. Aus den anderen wird nie was! Das sind keine Blumen! Wenn du später hier rausgehst, dann sag es den Leuten ins Gesicht: Ich bin eine Blume, eine wohlriechende BLUME!'*

Aber wenn die dann aus dem Seminar rausgehen und irgendeinem Fremden erzählen, dass sie eine Blume sind, also, ich meine, dann kriegen sie beim besten denkbaren Ausgang der Situation einfach eine aufs Maul."

„Chris, ich habe jetzt länger drüber nachgedacht, als du gesprochen hast, und ich glaube, dass ein Motivationsseminar nicht das Richtige für dich ist."

„Danke, Claudius, ich schätze deine Expertise sehr."

„Dann konzentrieren wir uns heute einfach auf die körperliche Fitness, okay? BIST DU BEREIT, ALLES ZU GEBEN?"

Ich lasse ein paar Sekunden verstreichen, treffe die üblichen Vorbereitungen und brülle ein „JAAA" ins Telefon.

„Dann geht es jetzt los, Chris, hundert Liegestütze zum Warmwerden. Ich zähle mit. Eins! … Zwei! … Drei!"

Ich verlasse den Raum zusammen mit dem Tortentablett. Das Telefon liegt neben den Boxen meines Laptops, auf dem ein Schwulenporno läuft. Claudius denkt, das Gestöhne komme von meinen sportlichen Anstrengungen, und feuert immer intensiver an. Ich habe ein paar Minuten Pause, mache es mir in der Küche gemütlich und motiviere mich dazu, eine Pizza zu bestellen.

Der schönste Tag

Für Bühnenkünstler, die ihren Beruf nur halbwegs professionell betreiben, gibt es einige klar definierte No-Gos: zu ausführlich von der stressigen Anreise mit dem Zug erzählen, zu Beginn des Auftritts zu sagen, man fange jetzt einfach mal an, oder mit kurzen Hosen auf der Bühne zu stehen. Alles Dinge, die sich absolut nicht gehören. Am unerhörtesten überhaupt aber ist es – zumindest, wenn man noch eine kleine Prise Restwürde in sich verspürt –, auf Hochzeiten aufzutreten.

„Wir würden uns aber total freuen, du bist doch so lustig und schreibst so lustige Sachen und du kennst uns doch so gut“ sollte grundsätzlich einfach nicht als Argument zugelassen sein.

Hochzeiten sind ja im Grunde genommen nichts anderes als ein amateurhaft organisiertes Crowdfunding für die Refinanzierung des ganzen vorgegaukelten Liebesschnickschnacks mit Luftballonsteigen, Tortenanschneiden, Dia-Shows mit Kinder- und Urlaubsbildern, die eine angemessene Länge IMMER übersteigen, und nicht zuletzt der andauernden Repetition der langweiligen Kennenlerngeschichte in jeder, wirklich jeder der dreizehn Reden, die über den Tag verteilt gehalten werden. „Und da standen sie sich plötzlich gegenüber, am Autoscooter auf der Frühjahrsdult in Regensburg, und die Sabine hat dem Stefan auf Anhieb so gefallen, dass er ihr an der

Schießbude eine Rose geschossen hat. Mit dem ersten Schuss hat er getroffen, wie Amors Pfeil in der Sabine ihr Herz hinein. Eine traumhafte Liebesgeschichte.“

„Wir würden uns aber total freuen, du bist doch so lustig und schreibst so lustige Sachen und du kennst uns doch so gut“, beharrte Sabine dann ein zweites und ein drittes Mal und ignorierte meine hauchzarten Andeutungen, dass ich mir für die Erstellung eines persönlichen Texts als Hochzeitsgeschenk ja viel Mühe machen und recherchieren müsse und das Ganze ja tatsächlich mein Beruf sei und ich für derartige Texte, die ich nur zu einer einzigen Gelegenheit vorlesen kann, üblicherweise horrende Gagen aufrufe. Naja, dafür müsse ich ja sonst nicht viel schenken, meinte Sabine, und ich könne wirklich so schreiben wie ich das sonst mache, so ein bisschen gemein, ganz ehrlich, ohne Blatt vorm Mund, die Gäste hätten ja schließlich alle Humor, haha.

Und so stehe ich nun vor euch, verehrte humorvolle Hochzeitsgesellschaft, und erbringe beflissen meinen Beitrag, um euch alle aufzuheitern, bevor der Hauptgang aufgetragen wird, den ihr kritisch mit der Verpflegung auf all den anderen Hochzeiten, denen ihr beigewohnt habt, vergleichen werdet, um zu einer finalen und strengen Beurteilung zu kommen wie: „Naja, immerhin waren die Servietten schön gefaltet.“

Ihr alle, die ihr die immerwährende Liebe der beiden Hauptdarsteller in unserer Mitte beschwört und befeiert, obwohl ihr es doch eigentlich besser wissen müsstet, denn, wie meine Recherchen ergeben haben, ist mindestens ein Dutzend von euch geschieden, manche mehrmals. Und trotzdem konnte sich keiner von euch dazu durchringen, die von Glücksillusionen verklärten

Sabine und Stefan wenigstens davon zu überzeugen, einen handfesten Ehevertrag zu schließen. Nun ja, wird diesmal schon gutgehen, was? Denn schließlich hat der Stefan der Sabine ja vor fünf Jahren eine Plastikrose im Wert von 3 Cent in die Hand gedrückt, weshalb diese heutige Jubelfeier das Motto „Rosenregen" trägt.

Ich möchte wirklich niemandem irgendwelche Illusionen nehmen, aber ich war in meinem Leben bislang auf zwanzig Hochzeiten und nur zwei der Ehen bestehen noch. Eine aus steuerlichen Gründen und bei der anderen ging es um eine Aufenthaltsgenehmigung. Das schweißt zusammen. Möglicherweise noch mehr als drei gemeinsame Pauschalurlaube auf Gran Canaria, wo ihr, liebe Sabine, lieber Stefan, so heldenhaft gemeinsam um eine teilweise Rückerstattung der Reisekosten gekämpft habt, weil der Hotelpool veralgt und nicht beschwimmbar war. Und fast hättet ihr die 70 Euro auch zurückbekommen, was den monatelangen Aufwand durchaus gerechtfertigt hätte. Dennoch ist es immer wieder schön, dieses Highlight des Anekdotenschatzes aus eurer gemeinsamen Zeit erzählt zu bekommen, wie vorhin in der Rede des Brautvaters.

Verehrte Gemeinde, wir leben im postfaktischen Zeitalter, also scheißen wir auf Statistiken und folgen einfach unserem Gefühl, denn nichts anderes ist eine Hochzeit in der heutigen Zeit, eine Negierung der für alle ersichtlichen Tatsachen.

Bis zu dieser Stelle unverändert ließ man mich im Juli 2018 auf der Hochzeit meiner entfernten Freundin Sabine meinen Lobgesang auf das Brautpaar vortragen.

Dann hatte der kürzlich angesprochene Brautvater endlich den Sicherungskasten gefunden. Mit meiner mikrofonverstärkten Stimme erlosch auch das Licht und eine große Welle der Erleichterung breitete sich zeitgleich mit einer kleinen Massenpanik und sehr rar gesäten Applausstürmen aus, die ich nun wirklich nicht deuten konnte. Schade, ich stand im Text kurz vor der Stelle, an der ich alle bislang vorgetragenen Argumente ins Gegenteil verkehren und die Anwesenden in eine flauschige Wolke des Optimismus hüllen wollte. Auch nachdem die Stromversorgung wiederhergestellt war, ließ man mich aber nicht weiterreden, und so hing die Stimmung doch leider beträchtlich schief. Dem leicht bleichen Bräutigam wurde von seinen Feuerwehrkollegen Luft zugefächelt, die Braut entschied sich dafür, früher als geplant den ersten Jägermeister zu kippen. Immerhin begehrten sie somit gegen bestehende Geschlechterklischees auf. Und immerhin zweitens, hatte mein Redebeitrag, wie das immer so ist, zumindest einzelne Zuhörer berührt, die mir am Rande der Gesellschaft heimlich ihren Respekt aussprachen und schließlich in der Mehrzahl auf mein Angebot eingingen, auf den Scheidungstermin zu wetten. Auf diese Weise habe ich, nebenbei bemerkt, schon einige der bei solchen Feiern immer anfallenden, lästigen finanziellen Belastungen – Anreise, Hotel, Geldgeschenke – wieder rausbekommen oder gar vermehrt. Insofern tragen Hochzeiten und die genaue Observation des sich entwickelnden Eheglücks doch tatsächlich einen gewissen Reiz in sich.

Die restliche Feierlichkeit verlief dann wie üblich. Ich wurde weitestgehend ignoriert, mein Beitrag geriet in Vergessenheit, ein Amateurchor, geleitet von Stefans schon stark beschwipstem, ehemaligem Biologielehrer, gab „Ein Vöglein wollte Hochzeit machen“ zum Besten. Irgendein Onkel erzählte in der Raucherecke jedem, der es nicht wissen wollte, dass „wir ja früher den Mädels immer nen Klaps aufn Po gegeben haben und die haben sich alle gefreut“ und der Pfarrer sagte: „Ach, so spät schon“ und sah auf seine Uhr. In dieser Reihenfolge. Die großen Fragen „Wer hat die Hand beim Anschneiden oben?“, „Wer fängt den Brautstrauß?“ und „Gibt es zum Mitternachtsbuffet eine Käseauswahl oder Currywurst?“ wurden zur Zufriedenheit mancher geklärt, ich wurde gegen 1 Uhr von der Brautmutter an der Krawatte gepackt, halbherzig angewürgt und zum Gehen aufgefordert. Pflichtgemäß verabschiedete ich mich beim Brautpaar, die mir zu meiner Überraschung unter vorgehaltener Hand verrieten, dass sie selbstverständlich einen Ehevertrag hätten, aber das müsse ja nicht jeder wissen. Ich beglückwünschte sie ein zweites Mal, sehr herzlich, und versprach, zu ihrem fünften Hochzeitsjubiläum eine weitere Einlage zu geben. Sollte es wirklich soweit kommen, hätte ich meine Wetten zum Scheidungstermin nämlich gewonnen und könne auch wieder umsonst auftreten. Manchmal bin ich Optimist, ich hatte auf sechs Jahre gewettet.

Das aktuelle Kunststudio

Herzlich willkommen, meine Damen und Herren, zum aktuellen Kunststudio am späten Samstagabend. Wie gewohnt, fassen wir für Sie alle Partien des heutigen Nachmittags kurz und mit wenig Liebe zusammen und präsentieren Ihnen nur die Bestseller direkt am Eingang. Spannend war es heute, in den Begegnungen der Künstlerauswahlen wurden Pinsel, Schreibfeder und Rezitationen geschwungen. Über allem steht die Frage: Kann sich der Bildungsroman weiter an der Tabellenspitze behaupten oder wird er von der Streaming-Serie abgelöst?

Eine kurze Zusammenfassung der Partien, deren Übertragung wir uns wegen drohender Tantiemen an die GEMA nicht leisten können: Die Partie *Objektkunst gegen Operntenöre* musste vorzeitig abgebrochen werden, da Christo in der 78. Minute beide Tore verhüllt hat. Weit tragischer noch das Ende in der Partie *Musiker gegen Maler*. Zunächst wurde die Echtheit mehrerer Bilder aus dem Videobeweis bezweifelt, da ein falscher Aquamarin-Ton verwendet worden war, dann Lang-Lang aufgrund virtuosen Handspiels vom Platz gestellt, schließlich wurden zwei Popstars überraschend 27 und erschossen sich umgehend. Bleibt die Frage, ob man das bei der Ansetzung des Spieltags nicht hätte berücksichtigen können. Da hat der Dramaturg keinen guten Job gemacht.

Nun aber zu unserer Hauptaufführung direkt aus dem Großen Haus. Die Weltauswahl der toten und lebenden Schriftsteller trifft auf die Weltauswahl der toten und lebenden Schauspieler. Ich übergebe an unseren Kommentator, der Literatur- und Medienwissenschaft an der Uni Erlangen-Nürnberg studiert hat:

„Geschätztes Hochkulturpublikum, ich begrüße Sie zu meiner Soufflage, chrchr, des kulturellen Highlights des Tages, das Top-Spiel *Schriftsteller gegen Schauspieler*. Los geht's.

Schon vor Anpfiff der Partie kam es zu Turbulenzen, da ein Autor es gewagt hatte, quer über das Feld, in die gegnerischen Reihen hinein, den Namen ‚Macbeth' zu rufen, um das obligatorische Überdieschulterspucken vor Spielbeginn – Te, Te, Te – der Schauspielenden jäh zu unterbrechen. In heller Aufregung und teils in Hosenrollen legten die Schauspieler Protest bei der Intendanz ein, die sich allerdings schon an die Rotweintheke begeben hatte. Nach Regeldiskussionen, Nachschlagen im Duden und einem Blick ins Rund war dann entschieden: Es sind mehr Zuschauer als Auftretende anwesend, also wird weitergespielt.

Im Verlauf der Partie konnten die Schriftsteller viele Fußnoten und das ein oder andere Ausrufezeichen setzen, sich aber weitestgehend nicht über das retardierende Moment hinausbewegen. Symptomatisch hierfür der junge Georg Büchner, dem der Abschluss einfach nicht gelingen wollte. Hahaha. Ich erkläre diese spitze Bemerkung dem weniger intellektuellen Publikum: Georg Büchner ist mit 24 gestorben und hat einige Fragmente hinterlassen. Für die ganz Dummen: Fragmente sind nicht fertiggestellte Bücher. Aber zurück zum Spiel: Auch Thomas Manns Engagement auf der Libero-Position kam der Mannschaft wenig zugute, schon beim Einlaufen ins Stadion hatte er ein Auge auf sein Einlaufkind geworfen, daraufhin in einem Liegestuhl an der Seitenlinie Platz genommen, um die unschuldige Schönheit des zehnjährigen Jungen in aller Heimlichkeit in sich aufzusaugen und gelegentlich zu erschauern. Wie gewohnt, verließ seine Gattin die Fan-Tribüne und begab sich unmittelbar auf Kur.

In den Fan-Lagern die Stimmung indes sehr verschieden. Bei den Schriftsteller-Ultras werden die Blechtrommel und die Glocke geschlagen wie nichts Gutes. Das Publikum der Schauspieler dagegen eher zurückhaltend, gelegentlich hört man ein Husten, die meisten Plätze ohnehin unbesetzt, werden ja subventioniert. Wir gehen direkt in die 20. Minute: Eckstoß von der Druckfahne.

Klaus Kinski legt sich das Leder zurecht, brüllt einen Reporter in Grund und Boden, fühlt sich missverstanden und verlangt nach einem Mikrofon, um Jesus zu imitieren. Der Schiri pfeift auf Zeitspiel, zückt das gelbe Reclam-Büchlein, wird von Kinski als ‚DU ARSCHLOCH' denunziert und ordentlich mit einer Peitsche in die Fresse geschlagen, da muss die Zweitbesetzung ran.

Sprung in die 72. Minute. Das Spielgerät rollt auf die stets überraschte Else Lasker-Schüler zu, sie hebt gewohnheitsmäßig den Rock, schon ist Günter Grass zur Stelle und taucht ab. Friendly Fire!

Währenddessen: Sensation auf Seiten der Schauspieler. Der junge Daniel Radcliffe wird eingewechselt, Kevin Spacey verlässt dafür den Platz. Besser so.

Gottfried Benn indes robbt an der Seitenlinie entlang und versucht, sie mit der Nase aufzusaugen. Stuckrad-Barre schwitzend hinterher.

Dann die Schlüsselszene: Handke legt sich mit der Südtribüne an, wüste Publikumsbeschimpfung. Kafka steht wie immer im Abseits und bedauert sich selbst. Der Ball in den Reihen der Schauspieler. Sie verlassen die eigene Hälfte nicht, kleines Kammerspiel, höhö, die Nebenrollen spielen sich die Bälle zu wie einstudiert, und da, da ist es, das Anspiel zu Gründgens. Gründgens hält den Ball, hält, hält, bleibt an Ort und Stelle, wenn alle anderen schon im Exil sind, hält, hält, und hält einen virtuosen Monolog! In seiner 16-minütigen Länge zu sehen in unserem Web-Exclusive.

Wir springen in die 89. Minute. Die Schauspieler durchbrechen die vierte Wand, regen zum Nachdenken an, Brecht auf der Ehrentribüne zieht an der Pfeife. Böll schmeißt sich mutig dazwischen, um Missstände aufzudecken, aber es bringt nichts, außer dem Nobelpreis. Meryl Streep jetzt am Sechzehner, umspielt Tucholsky, der grade als ein anderer auftrat, Streep gewohnt brillant in ihrer Rolle, lässt sich am Elferpunkt kurz belästigen und lächelt es weg. Handke im Tor weicht aus, die Angst des Torwarts vorm Elfmeter. Streep verwandelt … sich in Cristiano Ronaldo, die Frau kann einfach alles spielen, hinterzieht 90 Millionen und zieht den Ball ins Lattenkreuz. Tor! Das Spiel ist aus.

Szenenapplaus auf Seiten der Schauspiel-Hools auf der Tribüne. Manche erheben sich gar und fordern durch anhaltendes Klatschen und ohne irgendwas zu sagen eine Zugabe. Auf dem Feld spielen sich indes Dramen ab. Schriftsteller-Cheftrainer Johann Wolfgang von Goethe zeigt sich irritiert, er war der Meinung, der zweite Teil müsse immer viermal so lang sein wie der erste und fordert Nachspielzeit. Ernährungs-Coach Marcel Proust wird mit Milchkaffee und Zigarette auf die Suche nach der verlorenen Zeit geschickt. Erfolglos. Die Schriftsteller verarbeiten die Niederlage in moralisch rechtfertigenden

Essays. Die Schauspieler fassen sich an den Fingerspitzen und verbeugen sich synchron, im Anschluss gehen sie alle raus und kommen einzeln wieder rein, so gehört sich das.

Das war's von hier aus dem großen Haus. Und am Ende bleibt Applaus."

Ein Zukunftsthema

Seit ich meinen Staubsaugerroboter besitze, verbringe ich viel mehr Zeit mit Staubsaugen als zuvor. Der tatsächliche Vorgang und mein persönlicher Beitrag dazu ist nun aber grundsätzlich anders: Ich halte keine Stange mehr in der Hand und zerre beim genervten Gang durch die Wohnung kein wie ein Düsentriebwerk dröhnendes, störrisches Rollgerät hinter mir her wie einen widerspenstigen Hund, der an jeder Ecke Halt machen will und hängenbleibt. Nein. Nun halte ich meist ein Glas Wein in der Hand und verfolge den Roboter aus Vogelperspektive, sozusagen als Aufseher, in jedes Zimmer, um seine Arbeitsweise zu kontrollieren und mich darüber zu freuen, dass ich gerade so viel Zeit einspare, die ich viel besser nutzen kann, als selbst zu staubsaugen. Bei all dieser Zeitersparnis habe ich festgestellt: Die Arbeitsweise des Geräts ist maximal ineffizient, da er einfach drauflosfährt, sich von jedem Schattenwurf und jedem Stuhlbein, das man natürlich im Vertrauen auf die künstliche Hochintelligenz nicht aus dem Weg geräumt hat, abschrecken lässt und willkürlich seine Richtung ändert, ohne jeden Plan, wo er sich befindet. Jedes Kleinkind, das man mit nassen Lappen umwickelt auf Krabbelreise auf dem Boden schickte, bekäme ein besseres Putzergebnis hin als mein Saugroboter, zumindest, wenn man vorher die Ecken und schwer zugänglichen Stellen mit Süßigkeiten oder irgendetwas beliebigem Bunten bestückte.

„Die Digitalisierung", sagte die frisch ernannte Digitalministerin Bayerns im Jahr 2019, „ist ein absolutes Zukunftsthema".

Ist sie das? Wenn man vom Millenium Bug erwischt wurde und immer wieder das Jahr 1999 durchspielt, wahrscheinlich. Mit Gegenwart und Zukunft, der Zeit an sich, kann man durchaus mal durcheinanderkommen, wenn man nicht auf ihrer Höhe ist.

Neulich habe ich in der Zeitung gelesen, dass etwas passiert ist, von dem ich dachte, es sei schon vor einer Woche passiert. Weil ich es eine Woche vorher auf Twitter gelesen hatte. Ich hab dann später gemerkt, dass die Zeitung auch schon eine Woche alt war, aber das soll mir das schöne Bild nicht zerstören. Es mag ja sein, dass Berlin noch etwas höher auf Höhe der Zeit schwebt als andere Regionen, immerhin bestellen wir unsere Kaffee hier auf Englisch, aber selbst für mich, der ich nicht mal genuiner Digital Native bin, wirkt es doch höchst antiquiert, wenn ich jemanden sehe, der in einem Straßencafé Platz nimmt und nach einer Tageszeitung verlangt. Ich meine, wo sind wir denn, in Wien? „Ich hätte gerne eine Tageszeitung, um mich über das Geschehen von gestern zu informieren, Herr Ober, und einen Eimer Wasser für mein Pferd, mit dem ich durch die Lande reite, ich habe es draußen angebunden."

Es gibt keinen Artikel der Printpresse, der nicht binnen zehn Sekunden, auf irgendeinem Weg, auf meinem iPad landen kann – und wird, wenn ich es möchte. Dennoch haben klassische Zeitungen ihre absolute Berechtigung. Wenn man zum Beispiel umzieht und Gläser einwickeln muss.

Sollte man noch immer Zweifel daran hegen, dass die Digitalisierung, die Verschwesterung der Menschheit mit der klugen Maschine, eine ganz sinnvolle Idee ist, muss man sich nur mal vor Augen führen, wie mühsam es beispielsweise früher war, eine Pizza zu bestellen. Man musste eine Nummer wählen, beim Italiener anrufen und die Anweisungen für den Belag derart laut in den Hörer brüllen, dass die Nachbarn durch die Wand hindurch Angst bekamen, man würde gerade erstochen. Zumindest in meiner Erinnerung herrschte am anderen Ende der Festnetzleitung bei wirklich jedem Italiener ein so verstörend lauter Lärm, dass ich mir jedes Mal sicher war, meinen Gesprächspartner direkt in einem Bombardement oder zumindest auf der Piazza San Marco inmitten eines Volksaufstands zu erwischen. Hatte man seine Wünsche – „SALAMI, PILZE, SCHINKEN, JA, PIZZA SPEZIALE, NEIN, KEINE CALZONE, UND NE SCHACHTEL MARLBORO" – dann erfolgreich geäußert und nach mehreren Anläufen die eigene Adresse einigermaßen befriedigend übermittelt, begann das lange Zittern, wann und, etwas später, ob die Pizza überhaupt eintreffen würde, im Erfolgsfall geliefert von einem stark italienisch wirkenden Italiener, der aussah, als sei er mit seinem verbeulten Fiat direkt aus einem Bombardement oder der Piazza San Marco herangebraust. Pure Nostalgie.

Wie herzerfrischend unkompliziert funktioniert hingegen ein moderner Pizzabestellvorgang, für den man sich nicht mal aus der bequemen Liegeposition herausbegeben muss, über die App eines Drittanbieters die Bestellung übermittelt, mittels einer anderen App bezahlt und bei Belieben den Pizzatransporteur, einen in neonpinker Funktionskleidung bei jedem Dreckswetter auf einem Fahrrad durch die Stadt hetzenden Sportstudenten, per

GPS-Tracking verfolgen kann, aber sowieso eine Minute vor Eintreffen eine Push-Nachricht bekommt, um sich grade noch rechtzeitig die Hose anziehen und die Haare kämmen zu können. Future is here.

In zwanzig Jahren – diese Zahl ist sehr variabel, lasst es meinetwegen auch vierzig oder zwölf oder zwei sein – wird der moderne Mensch kopfschüttelnd auf unsere Zeit zurückblicken und sich fragen: „Was waren das für dumme, rückständige Idioten damals? Die sind tatsächlich noch in Autos gestiegen, die nicht von selbst gefahren sind? Die hatten unhandliche, strahlende Internet-Geräte, die eine Akkuleistung von einem Tag hatten und die sie einen Zentimeter neben ihren Geschlechtsorganen aufbewahrt haben? Und außerdem: Wieso waren die den ganzen Tag auf Facebook? Was war das denn überhaupt? Gut, dass wir das alles anders machen. Ein Hoch auf die moderne Welt! Ach, ich hätte gerade wirklich Lust, eine Pizza zu bestellen. Aber ich darf ja nicht, weil mein Staubsaugerroboter mich auf Diät gesetzt hat. Der weiß schließlich am besten, was gut für mich ist. Gedankenerfassung beenden."

Nicht erschrecken

„Sie sind mir ja ein Langschläfer“, begrüßte mich die Dame an der Rezeption, die so aussah, wie ich mir die Hexe in Hänsel und Gretel immer vorgestellt hatte. „Alle anderen sind schon weg“, fuhr sie fort, und ich antwortete, wie ich es in den Morgenstunden immer tue: nicht.

„Sie haben noch ... zwölfeinhalb Minuten zum Frühstücken“, erklärte sie und wies mir mit ihren zwölfeinhalb Zentimeter langen Fingernägeln den Weg zum sogenannten Frühstücksraum.

Am Buffet gab es noch eine halbe Kelle Rührei, dreihundert sehr kleine Brötchen, zwei Scheiben Gesichtswurst und eine Kiwi, die sich beim Verzehrversuch dann doch als eine etwas haarige Bulette herausstellte. Da ich so wenig Frühstücks- wie Morgenmensch bin, beschloss ich, die Nahrungsaufnahme einzustellen und mir nur den angenehm starken Filterkaffee einzuflößen, dabei an die Wand mit glücklich Felder pflügenden Bauern auf Schwarzweißaufnahmen zu starren und restlos wach zu werden, üblicherweise mein einziges Vorhaben vor 12 Uhr mittags.

„Nicht erschrecken“, hörte ich es von hinten, und ich erschrak fürchterlich.

Die Frühstücksbeauftragte rauschte in den Raum und räumte in meinem Rücken innerhalb von zwanzig Sekunden das komplette Buffet ab. Sodann trat sie mit Ankündigung, „Nicht erschrecken, ich bin's nur", wobei ich wieder heftig erschrak, zu mir an den Tisch, stemmte die Fäuste in die Hüften und blickte, wie soll ich es beschreiben, im besten Fall: auffordernd.

„Darf ich noch den Kaffee …", sprach ich meine ersten Fragmente des Tages und schämte mich umgehend dafür, dass ich genauso klang wie dieses dumme Kind aus dieser dummen Werbung, das „Mama, kann ich noch ne Wurst?" sagt und denkt, das sei ein richtiger Satz.

„Darf ich noch den Kaffee …", fragte ich also und kassierte einen Blick, der mir sagte: *Wenn ich das entscheiden dürfte, lieber Hotelgast, der absolut angebrachte 140 Euro für eine Übernachtung mit Frühstück im rustikalen Bauernzimmer ohne WLAN und mit überlaut tickender Wanduhr auf den Tisch geblättert hat, dann würde ich Ihnen erlauben, Ihren schmackhaften Kaffee noch in aller Ruhe zu genießen, aber leider, leider, leider zwingt mich mein Lohnarbeitsverhältnis dazu, nun den gut bürgerlichen Mittagstisch vorzubereiten, es gibt heute frisch geschlachtete Sau. Vielen Dank für Ihr Verständnis und Ihre Mitarbeit.*

Was sie dem Blick anschloss, war: „Frühstück ist bis zehn. Zehn is schon durch."

Ich überreichte ihr schuldbewusst die Tasse und räumte meinen Platz, irrte durchs Erdgeschoss des Hotels, bis ich einen Hinterhof fand, auf dem ich mein Aufwachvorhaben fortsetzen konnte. Ich nahm auf einer Holzbank ohne Polsterung Platz, zückte eine Zigarette und mein Telefon und formulierte die Ein-Stern-Bewertung auf Booking.com.

„Nicht erschrecken", schrie einer, und wieder hatte die Aussage den höchst gegenteiligen Effekt. Der Hotelbedienstete sprang in mein Blickfeld, schnappte meinen

Aschenbecher und tauschte ihn gegen einen neuen aus. Ich erhöhte die Bewertung umgehend auf 2 Sterne.

Dazu der folgende Text:

Mit Hotelzimmern verhält es sich ähnlich wie mit Sexualpartnern: Man möchte gar nicht wissen, wer vorher schon drin war. Und dann liegt man dort im Bett, schnippst seine Popel gegen den Vorhang und denkt darüber nach, was für eklige Sachen derjenige gemacht hat, der letzte Nacht in diesem Bett lag. Diese Gedanken darf man gar nicht zulassen, man muss sie verdrängen, sonst wird man seines Reiselebens nicht mehr froh.

Ich war schon in vielen, sehr vielen Hotels. Bestimmt in mehr als fünf. In vermufften Buden, die nach Wunderbaum und alten Frauen rochen, in besseren Besenschränken, die als „Junior-Suite“ tituliert waren, in Designhöllen, wo die Dusche rundum verglast mitten im Zimmer stand, und natürlich auch in hipsteresken Themenhotels, davon gibt es ja zum Glück genug. Ich habe in zu Betten ausgeschlachteten Trabis geschlafen, in aus Legosteinen gebauten Bettgestellen, im Themenzimmer Hollywood mit Marilyn Monroe an der Wand, im Themenzimmer Bollywood mit Shah Rukh Khan an der Wand und im Themenzimmer Robin Wood, das komplett aus Holz war.

Ich habe alles gesehen.

Ich stelle mir keinen Wecker, wenn ich in Hotels übernachte, weil ich weiß, dass nichts einen so nachhaltig aus dem Schlaf reißen kann wie das Reinigungspersonal, das „gar nicht wusste, dass Sie noch hier sind, TSCHULDIGUNG.“

Was mir aber noch nie untergekommen ist, ist, dass sämtliches Personal einen mit „Nicht erschrecken“ als Substitut für „Guten Tag“ begrüßt, als sei ihr Hauptjob Erschrecker in der Geisterbahn.

Ich las noch einmal gegen und ließ meinen Finger über das Feld „Absenden“ kreisen.

„Nicht erschrecken, das ist nur Hugo!“, unterbrach mich eine neue Frauenstimme. Ich erschrak. Und bewegte vorsichtig meinen Kopf zur Seite. Hugo war ein Hund mit den Ausmaßen eines Klaviers und dem Fellmuster einer Kuh. Er hatte neben meiner Bank auf dem Boden Platz genommen und sah argwöhnisch auf mich herab.

„Das ist unser Hotelhund“, erklärte die Frau, „der macht nix“.

Als ob jemals irgendein Hundehalter etwas anders als „der macht nix“ an die Vorstellung seines Hundes angeschlossen hätte. Natürlich machte er was. Mir Angst. Die einzigen Tiere, die größer sind als ich und mir keine Angst machen, sind Wale, weil wir uns keinen gemeinsamen Lebensraum teilen. Hugo machte „Wfffz“ und ich ließ vor Schreck mein Telefon fallen. Harter Asphaltboden.

„Ich hab doch gesagt, nicht erschrecken“, sagte die Frau mitfühlend.

Ich sammelte die Einzelteile meines Smartphones zusammen, machte mich mit langsamen Schritten an Hugo vorbei auf den Weg nach draußen, erschrak zum Abschied noch einmal vor der Hexe an der Rezeption, ohne dass sie etwas hätte sagen müssen.

Im nächsten Hotel konnte man schon um 13 Uhr einchecken. Dort begrüßten sie mit: „Alles gut, keine Angst.“

Berliner Dialoge (4)

Kreuzberg. Beim Bäcker.

Sie: „Ach, du warst beim Frisör?"

Ich: „Ja."

Sie: „Sieht gut aus."

Ich: „Danke."

Sie: „Ist mir vorher GAR NICHT AUFGEFALLEN, DASS DU SO KLEINE OHREN HAST."

Ich: „Ich höre TROTZDEM GUT."

Friedrichshain. Im Späti. Ich stelle drei Apfelschorlen und zwei Bier auf den Verkaufstisch. Der mir neue, recht junge Verkäufer stoppt die Episode „Family Guy", die er sich anschaut, und betrachtet seine Aufgabe.

Er: „Hmmm ..."

Ich: „Hallo."

Er: „Was kostet die Apfelschorle?"

Ich: „Das solltest eigentlich du wissen und nicht ich."

Er: „Ja, ähm ..."

Ich, vermutend, dass er die Standorte der Getränke noch nicht ganz drauf hat: „Ich schau mal für dich nach."

Ich schaue nach.

Ich: „Kostet Einsfuffzich."

Er: „Okay. Und das Bier?"

Ich: „Ernsthaft jetzt?"

Er: „Ja gut, dann schau ich diesmal selbst."

Er schaut nach.
Er: „Einssiebzig."
Ich: „Na also."
Er greift zum Taschenrechner.
Ich überlege, wann ich ihm verraten soll, dass noch eine Schachtel Zigaretten dazukommt, will ihn aber erstmal nicht in seiner Konzentration stören. Ich verfolge erstaunt, wie der komplizierte Rechenprozess einmal scheitert, zweimal scheitert, dann zeigt der Taschenrechner ihm ein Ergebnis an.
Er: „26 Euro 20."
Ich: „Das glaub ich eher nicht."
Er: „Aber das steht hier."
Ich: „Es sind 7 Euro 90."
Er: „Sag das doch gleich."
Ich: „Ist dein erster Tag, ne?"
Er: „Merkt man das?"
Ich: „Es kommen noch Zigaretten dazu. Für 6 Euro."
Er: „Oh Mann ..."
Er legt die Zigaretten zu der Großbestellung und sieht mich hilfesuchend an.
Ich: „13,90 insgesamt."
Er: „Ja, dann 13,90 bitte."
(Er hätte mir ALLES geglaubt.)
Nächstes Level. Ich gebe ihm einen Zwanziger. Sofort nimmt er einen Fünfer Rückgeld in die Hand, schon mal ein guter Schritt, dann wühlt er sehr ausgiebig in den Kleingeldfächern der Kasse, wie eine Bedienung, die darauf wartet, dass man „Stimmt so" sagt.
Ich drehe mich um und forme an den nächsten Kunden gerichtet die Worte „Er ist neu" mit meinen Lippen. Der Kunde wischt als Antwort mit der Hand vor seiner Stirn. Dann geht alles ganz schnell. Ich packe meine Einkäufe

in den Rucksack, nehme meine 8,10 Euro Wechselgeld entgegen und gehe nach Hause.

Kreuzberg. Im Café, 16.50 Uhr.

Ich: „Gibt es noch Frühstück?“

Kellnerin, schaut auf die Uhr: „Nee, leider nur bis 16.30 Uhr.“

Ich: „Och, schade.“

Damen am Nebentisch: „Hihi, der hat gefragt, ob es noch Frühstück gibt.“ – „Um diese Zeit.“ – „Soll mal früher aufstehen.“

Kellnerin und ich, durch Blicke: „TOURISTEN RAUS AUS BERLIN!“

Neukölln. In der Ringbahn. Zwei Teenagermädchen unterhalten sich in ihrer Meinung nach angemessener Lautstärke, es gibt etwa 40 Zuhörer.

„Die Schlampe ist 18 und noch Jungfrau. Da frag ich mich doch: Was ist nicht normal mit der?“

„Hm.“

„Ich hatte mit 14 mein erstes Mal, Alter, das ist ewig her.“

„Und wann hattest du die Abtreibung?“

„Welche?“

Neulich in Kroatien

Wir schlendern in Pula über einen Trödelmarkt, das Angebot ist vielfältig. An einem Stand liegen auf Kindskopfhöhe pornografische Mangas mit sehr expliziten Titeln, aus einer Vagina fährt ein Blitz. Daneben „Mein Kampf", daneben „Fix & Foxi". Ein Stück weiter gibt es gebatikte Tücher, Strohhüte und alles, was jemals aus Holz hergestellt wurde. Das ortsansässige Amphitheater als Anhänger, in Aschenbecherform gegossen und auch in einer Schneekugel, besonders sinnig, da es hier im Durchschnitt null Mal im Jahr schneit. Sogar Devotionalien aus längst vergessenen Zeiten finden sich, ein Stand führt exklusiv Fidget Spinner.

Der nächste Stand ist recht einfach gehalten, zwei Biertische nebeneinander, und ist vollbepackt mit silbrigen Gegenständen. Wir halten an. Weil ich bei *Bares für Rares* gelernt habe, dass man immer drunter schauen muss, um Punzen zu finden, nehme ich eine Schale und drehe sie um. Ich finde Krone, Halbmond und einen 800er-Stempel.

„Echtes Silber!", sage ich anerkennend, stelle die Schale wieder hin und will weitergehen.

„Du bist deutsch, oder?", fragt der Verkäufer in sehr gutem Deutsch.

„Haha, ja", sage ich fröhlich und wende mich zurück. „Woher wissen Sie das denn?"

„WEIL DIE NIE WAS KAUFEN UND IMMER ALLES ANTATSCHEN."

„Oh."

„Weißt du, ich mache den Stand hier seit zehn Jahren und hab zwei oder drei Mal was an Deutsche verkauft. Immer kommen die an, drehen alles um und tun so, als wären sie die größten Fachleute, und nicken dann so blöde wie du. Natürlich ist das echtes Silber, das hier ist ein Silberstand. Alle anderen fragen wenigstens vorher, ob sie was anfassen dürfen. Alle! Italiener, Russen, Franzosen, Slowenen, Schweizer, Schweden, Kroat... Nee, die nicht, sind ja keine Touristen. Egal. ALLE FRAGEN. Nur die Deutschen, die sind völlig unverschämt und schmieren ihre Finger ungefragt an alles dran. Ich meine: Macht ihr das zuhause auch?"

Ich bedenke kurz, wie oft ich im Supermarkt Äpfel, in Läden Klamotten, auf Flohmärkten ausnahmslos alles angetatscht habe, und antworte: „Ja, eigentlich schon."

„Also ich weiß nicht, wie das zusammenpasst. In allem wollt ihr die Besten sein, aber Manieren habt ihr nicht."

Ich bin jetzt kurz davor, stellvertretend für mein Land um Nachsicht und Entschuldigung zu bitten, aber das ginge dann doch ein bisschen zu weit. Ich überlege, eventuell den billigsten Löffel zu kaufen, um ihn etwas zu besänftigen, sehe dann den Preis des billigsten Löffels und entscheide mich um, lenke das Gespräch lieber auf einen etwas anderen Pfad.

„Wer sind denn Ihre höflichsten Kunden?"

„Da muss ich gar nicht überlegen. Österreicher. Völlig eindeutig."

„Aha?"

„Ja, die fragen immer dreimal, ob sie irgendwas tun dürfen, und entschuldigen sich ständig. Sehr höfliche Menschen."

„Wie Franzosen", werfe ich ein.

„Richtig. Österreicher sind Deutsche mit Manieren wie Franzosen. Aber weniger schwul.“

Allein um diese Expertise gehört zu haben, hat sich meine Unhöflichkeit gelohnt, finde ich.

Der Götterbote

Ich habe versucht, mit HERMES ein Paket von Berlin nach Paris zu schicken. Eine Nacherzählung der Ereignisse.

11. Juni

Ich gebe das Paket im Hermes-Shop in Berlin ab.

14. Juni

Laut Sendungsverfolgung ist das Paket heute in Frankreich eingetroffen, wird aber nicht ausgeliefert.

15. Juni

Laut Sendungsverfolgung ist das Paket heute in Frankreich eingetroffen, wird aber nicht ausgeliefert.

16. Juni

Laut Sendungsverfolgung ist das Paket heute in Frankreich eingetroffen, wird aber nicht ausgeliefert.

18. Juni

Laut Sendungsverfolgung ist das Paket heute in Frankreich eingetroffen, wird aber nicht ausgeliefert.

19. Juni

Ich trete auf Twitter in Dialog mit Hermes.
„Hallo, könnt ihr mir helfen?“
„Mal sehen.“
„Wo ist mein Paket?“
„In Frankreich.“
„Ach?“
„Schick uns doch ne E-Mail.“

20. Juni

„Hallo, ihr habt nicht auf meine Mail geantwortet.“

21. Juni

„Hallo, ihr habt immer noch nicht auf meine Mail geantwortet.“
„Dann schick uns noch ne Mail, Dude.“
„Aha.“

22. Juni

Wir mailen jetzt.
„Wie kann es denn sein, dass ein Paket, das so groß ist wie ein Umzugskarton, weil das Paket ein Umzugskarton IST, vom Radar verschwindet?“
„Wissen wir nicht.“

25. Juni

„Hallo, gibt's was Neues?"
„Wer sind Sie?"

26. Juni

„Wissen Sie, es wäre relativ wichtig, dass das Paket ankommt irgendwann."
„Wir tun, was wir können."

27. Juni

„Haben Sie Neuigkeiten?"
„Nach 30 Tagen können Sie eine schriftliche Verlustmeldung einreichen, vielen Dank."
„Was?"

28. Juni

„Wissen Sie, man sagt ja immer, jeder kann zum Mörder werden. Ich habe bislang nicht daran geglaubt, aber ..."
„Wir haben Ihr Paket gefunden!"
„Juhu!"
„Näheres dazu morgen."
„Was?"

29. Juni, Berlin

„Ihr Paket liegt seit zwei Wochen in einer Postfiliale in Paris."
„Hä?"
„Der Adressat konnte nicht angetroffen werden."

„In dem Haus geht die ganze Post zum Concierge, der ist IMMER da. Der sitzt den GANZEN TAG vorm Haus und raucht und wedelt mit seinen Vollmachten, Pakete für alle anzunehmen. IMMER! Er heißt Jacques."

„Der Adressat konnte nicht angetroffen werden."

„Verzeihen Sie bitte meine verminderte Freundlichkeit, aber: Wie oft haben Sie es denn versucht???"

„Nun mal nicht frech werden."

„Wie wäre es denn gewesen, wenn Sie meinem Freund einen Zettel in den Briefkasten geworfen hätten, auf dem steht, wo das Paket ist? Oder das in der Sendungsverfolgung angegeben hätten?"

„Ja, wäre gut gewesen. Stimmt. Jedenfalls, laut internationalen Zustellregeln sollte er das Paket spätestens heute abholen. Liegt ja schon ewig rum. Wenn es heute nicht geholt wird, zerstören oder versteigern wir es."

„Ihr Ernst?"

„Sie finden unsere AGB auf unserer Seite."

29. Juni, Paris, La Poste

„Uffz, Bonjour Madame, usw., hier, ich bin da, ich will mein Paket."

„Dazu brauchen Sie aber die französische Zustellnummer."

„Und die finde ich wo?"

„Auf der Benachrichtigung in Ihrem Briefkasten."

Dreißig

„Hey, was machst du eigentlich an deinem Geburtstag?“

„Was?“

„Was machst du an deinem Geburtstag?“

„Hä?“

„Du hast doch bald Geburtstag.“

„Und?“

„Da musst du doch was machen?“

„Was soll ich denn da machen?“

„Na, feiern.“

„Warum?“

„Weil du 30 wirst.“

„Das will ich aber nicht feiern.“

„Das feiert man aber.“

„Man vielleicht, aber ich nicht.“

„Das ist voll asozial.“

„Ist es gar nicht.“

„Wir feiern das ganz groß.“

„Nein.“

„Am besten mit Motto.“

„Auf gar keinen Fall.“

„30 ist das neue 20.“

„Nein.“

„Mit Musik aus den Neunzigern und allen Gästen in Latzhosen und mit Basecaps.“

„Dann wär 30 aber das neue 10.“

„Ich mach gleich n Facebook-Event.“
„Du machst kein Facebook-Event.“
„Oah, das wird so toll.“

Dieses Gespräch ereignete sich in exakt diesem Wortlaut wenige Tage vor meinem dreißigsten Geburtstag, den ich, wie zu vermuten ist, nicht unbedingt hochfeierlich begehen wollte. Ich wohnte damals in einer Fünfer-WG, was mein Mitbestimmungsrecht über die Feieraktivitäten doch ein wenig einschränkte. Letztendlich fand die Party genauso wie von meiner Mitbewohnerin vorgeschlagen statt, allerdings ohne mich. Ich nahm das Gespräch nämlich zum Anlass, mich mehrere Tage in meinem Zimmer einzuschließen, über die Vergänglichkeit des Lebens an sich und mein ganz persönliches bald bevorstehendes Ende zu sinnieren. Dreißig. Das heißt ja schon was. Wenn man es von unten betrachtet, mit sorgsam hochgerecktem Kopf, aus der naiven und kindlichen Sicht eines Neunundzwanzigjährigen heraus.

Was kommt da alles auf mich zu, dachte ich, ich kann mich gar nicht dagegen wehren. Schon viele dynamische Endzwanziger habe ich die bedrohliche Hürde überspringen und mit einem gebrochenen Knöchel landen sehen, weil die Selbstzersetzung des Körpers auf einen Schlag nicht mehr aufzuhalten ist. Dreißig. Schon bald werde ich gewohnheitsmäßig karierte Hemden tragen. Ich werde wieder eine Tageszeitung abonnieren und mich bei Gesprächen über Altersvorsorge nicht mehr angeekelt abwenden, sondern ehrlich interessiert mit „Aha, und da ist also auch die Berufsunfähigkeit mit drin?“ antworten. Wenn ich gefragt werde, ob ich am Wochenende um die Häuser ziehen will, werde ich sagen „Ach, zuhause ist es doch am schönsten. Geht ihr jungen Leute heute mal allein“, während ich auf ein besticktes Sinnspruchbild an meiner Wand blicke, auf dem steht „Ach, zuhause ist es doch am schönsten. Geht ihr jungen Leute heute mal allein“.

Ich werde beginnen, mich für die Präzisionssportarten Snooker und Curling zu interessieren, und sie mit aller mir verbliebenen Leidenschaft unangebracht laut kommentieren: „Der muss doch stärker curlen, der Stein! Sonst kommt er doch nie an der Guard vorbei! Da haben eindeutig die Wischer versagt! Hätten sie mal mich wischen lassen.“

Dreißig. Ohne es beeinflussen zu können, werden sich zwangsläufig die Gesprächsthemen ändern. Heißt es jetzt: „Nächsten Sommer gehen wir wieder auf die Fusion, so richtig ballern“, heißt es dann: „In Charlottenburg hat ein neuer Biergarten aufgemacht, so richtig urig. Ich mag das, weil es da nicht zu voll und zu laut ist.“

Heißt es jetzt: „Ja, keine Ahnung, wo wir heute landen, erstmal 12 Sterni innen Rucksack und n paar Runden mit der M10“, heißt es dann: „Ich fahr ja nur noch Taxi. Das ist mir sonst alles zu viel. Und dadurch, was der Taxifahrer mir erzählt, bin ich ja auch am Puls der Zeit irgendwie. Und hast du eigentlich gehört, was mit der Sabine passiert ist? Die hat's ja auch nicht leicht. Sucht jetzt seit zwei Wochen nach ihrem Paket, weil der Bote den Zettel nicht eingeworfen hat. Jeden Tag diese Ungewissheit, sie hat die Töpfe ja schon bezahlt. Ob das wohl gut geht?“

Dreißig. Man macht sich Sorgen. Wie ist das eigentlich mit meinem Vermächtnis? Was hinterlasse ich, wenn es bald zu Ende geht? Die biologische Uhr tickt. Immer nur dieser aufregende, unverfängliche Sex jeden Tag mit ständig wechselnden Partnern, das ist doch nicht mehr altersgemäß. Ich muss endlich den Richtigen finden. Dann ziehen wir zusammen nach Schöneberg und kaufen uns einen kleinen Mops, den wir schick angezogen durch die Motzstraße tragen können. Nach ein, spätestens zwei Jahren müssen wir ein lesbisches Paar kennenlernen, um es künstlich zu befruchten. Viel Zeit bleibt nicht mehr. Woher soll der kleine Julio denn sonst kommen? Die Wartelisten für einen Schrebergarten in Brandenburg werden auch nicht kürzer. Und spätestens wenn ich 40 bin, möchte ich doch komplett in Camp-David-Klamotten eingekleidet, über und über mit abenteuerlich-dynamischen Schriftzügen wie *Sailing* und *New Zealand* verziert, gestützt auf meinen Gehstock jungen Leuten vorwerfen, dass sie keinen Respekt mehr haben. „Als ich in deinem Alter war, da bin ich in der U-Bahn noch aufgestanden. Und wir haben damals noch über *Skype* miteinander geredet."

Dreißig. Vielleicht macht man sich auch n bisschen zu viel Druck. Vielleicht wäre es gar nicht so tragisch gewesen, an meiner eigenen Geburtstagsparty damals teilzunehmen. Auf den Bildern sieht das alles ganz lustig aus. Nunja, man muss auch mal auf die Gesundheit achten statt immer nur Partypartyparty, oder? Karierten Hemden kann ich mittlerweile durchaus etwas abgewinnen, ich finde, die liegen einfach immer im Trend. Privat läuft es auch ganz gut, allerdings konnten wir uns noch nicht für den richtigen Mops entscheiden. Und Curling ist bei genauerer und längerer Betrachtung tatsächlich eine hochspannende Präzisionssportart. Wenn ich aber eines Tages tatsächlich anfangen sollte, Camp-David-Klamotten zu tragen: Erschießt mich.

Harry's at Midnight

0.00 Uhr: Ich mache in einem meiner Stammspätis – „Harry's Späti" – wichtige Besorgungen für die Nacht. Eine Ritter Sport Vollnuss, Longpapes und ein Tegernseer Hell. Als es ans Bezahlen geht, merke ich, dass ich nur einen Fünfziger habe. Mit entschuldigendem Schulterzucken präsentiere ich den Schein.

„Das geht nicht", sagt der Späti-Mann. „Ich hab auch nur Fuffis."

„Oh", sag ich, „was machen wir denn da?"

Wir sehen uns eine Weile schwer ratlos an. Dann kommt mir eine Idee.

„Kann ich mit Karte zahlen?"

„Hahaha, NEIN!"

„War ja nur ne Idee."

„Wir sind hier nicht in Monte Carlo."

„Okay."

„Oder bei Edeka an der Kasse, wo sie dich jetzt immer fragen, ob du noch Geld abheben willst, wenn du mit Karte zahlst. Was soll'n der Scheiß? Ich mein, was kommt als Nächstes? Fragen se dich dann, ob du'n Hausbaukredit aufnehmen willst?"

„Is ja schon gut."

„Bevor hier nur einer mit Karte zahlt, fackel ich den Laden ab."

„Jetzt reg dich doch nicht so auf."

„Jaja."
„Hm. Kann ich vielleicht anschreiben lassen?"
„So weit kommt's noch. Kenn dich doch gar nicht."
„Ich komm hier jede Nacht vorbei."
„Wirklich?"
„Ja. Und du bist immer da."
„Glaub ich nicht."
„Dann ist die Situation ziemlich ausweglos."
Wir sehen uns eine weitere Weile schwer ratlos an. Dann kommt ihm eine Idee.
„Ich hab's, pass mal kurz auf den Laden auf!"
„Äääh."
Er steckt meinen Fuffi in die Tasche und geht nach draußen.

0.12 Uhr: Ich warte seit zehn Minuten auf seine Rückkehr und passe wie befohlen auf den Laden auf.

0.20 Uhr: Ich passe immer noch auf den Laden auf.

0.23 Uhr: Habe eine Schachtel Zigaretten und eine kleine Flasche Chantré verkauft. Nur gegen passende Zahlung, versteht sich.

0.30 Uhr: Eben eine Toblerone an die Frau gebracht. Jetzt kann ich sogar rausgeben!

0.35 Uhr: Ich bin mir nicht so ganz sicher, ob er überhaupt wieder auftauchen wird. Vielleicht wechseln Spätis auf diese Weise traditionell ihre Besitzer?

0.42 Uhr: Um nicht so verloren mitten im Laden zu stehen und jedem neuen Kunden umständlich meine Lage erklären zu müssen, stelle ich mich praktischerweise hinter den Verkaufstresen. Die Wechselgeldkasse ist jetzt gut gefüllt, das Geschäft brummt. Hauptabsatz durch Sterni.

1.00 Uhr: Ich fühle mich in meiner neuen Rolle jetzt völlig zuhause, schaue auf dem Laptop hinter dem Tresen *Big Bang Theory* und lutsche an einer Bifi. Alle paar Minuten schaue ich vom Bildschirm auf, um überrascht festzustellen, dass ein Kunde vor mir steht.

1.13 Uhr: Im Laden wird jetzt geraucht. Präzisiere: Ich rauche im Laden. Sonst verboten.

1.20 Uhr: Ich habe meine Skills jetzt so gut trainiert, dass ich, ohne vom Bildschirm wegzusehen, hinter mich greifen, die richtige Zigarettenmarke aus dem Regal fischen und mit aufgehaltener Hand abkassieren kann.

1.25 Uhr: Jemand will mit einem Fünzig-Euro-Schein bezahlen. Ich entwickle eine Exit-Strategie. Aber noch fühl ich mich ganz wohl mit meinem neuen Geschäft. Habe im Hinterraum ein zweites Sitzkissen gefunden, jetzt ist es richtig gemütlich.

1.38 Uhr: Nachdem ich einen Kunden mehrere Minuten lang dabei beobachtet habe, wie er sich weder zwischen den Kühlschränken noch deren Inhalt entscheiden konnte und schließlich ein warmes Augustiner aus dem einzigen defekten Kühlschrank herausgenommen hat, warte ich, bis er vor mir steht, lasse weitere zehn Sekunden verstreichen und sage: „Kühlschrank geht nicht."

1.55 Uhr: Ich wische einmal feucht durch. Man soll sich ja wohlfühlen, wenn man bei mir einkauft.

2.12 Uhr: Der Späti-Mann ist wieder da. Er wollte meinen Fünfziger eine Ecke weiter an der Dönerbude kleinwechseln und hat dann dort ein Bier getrunken, sagt er. Dann war plötzlich eine Pokerrunde in Gang gekommen. Meinen Fuffi hat er verzockt. Er meint, dass ich jetzt doch anschreiben lassen kann. Meinen erwirtschafteten Gewinn teilen wir erst mal Fifty-Fifty, abzüglich der Bifi.

„Morgen um die gleiche Zeit?", frag ich.

Er nickt.

„Und, sag mal, bist du eigentlich Harry?"

„Nee, ich hab keine Ahnung, wer das ist. Ich bin mehr so durch Zufall an den Laden gekommen."

Berliner Dialoge (5)

Kreuzberg. In der Reinigung.

„Ich bräuchte das bis morgen. Geht das?"

„Auf gar keinen Fall."

„Aber das ging schon mal."

„Ja, wenn Sie nicht erst abends kommen und es abgeben."

„Also für mich ist gerade Morgen."

„Das ist hier keine philosophische Diskussion. Macht 20 Euro."

Friedrichshain. Im Jahrhundertsommer 2018, nachts um 1 Uhr im Treppenhaus.

Nachbar: „AAAAH!"

Ich: „Hallo."

Er: „Warum stehst du denn im Dunkeln hier im Treppenhaus herum? Du hast mich zu Tode erschreckt."

Ich: „Ach Quatsch, du lebst doch noch. Ich halte nur meine Wohnungstür auf, wegen dem kühlen Luftzug. Und das Licht hab ich nicht angemacht, damit keine Insekten in die Wohnung ..."

Er, mehr zu sich, weiter die Treppen erklimmend: „Alles Idioten hier."

Ich: „Nachti!"

Südkreuz. Beim Crobag.

Mutter: „Giacomo, was möchtest du?"

Giacomo: „Das da!"

Mutter: „Das Baguette? Das ist zu hart für dich."

Giacomo: „Dann das da!"

Mutter: „Die Ficelle? Die ist auch zu hart für dich. Das ist alles so hart hier. Du kriegst einen Plunder."

Ich: „Das ist überhaupt nicht so hart."

Mutter ignoriert mich und bestellt einen Plunder. Giacomo weint. Weltschmerz.

Friedrichshain. Ich schlendere am frühen Nachmittag eines angenehm restsommerlichen Herbsttages durch den Samariterkiez, um eine Kaffee-und-Kuchen-Gelegenheit zu ergreifen. Ein durchaus adrett aufgemachter älterer Herr – er trägt einen bunt karierten Anzug und eine farblich neutrale Schiebermütze – steht vor einem erhöhten Fenstersims auf dem Gehsteig, legt sich in aller Ruhe eine Line Koks zurecht, zaubert ein silbriges Röhrchen hinter seinem Ohr hervor und zieht das weiße Gold routiniert auf zwei Rutschen in die Nase. Ich betrachte das Schauspiel verlangsamten Schrittes fasziniert und blende für einen Moment alles andere um mich herum aus. Als er fertig ist, wendet er seinen Kopf und blickt mir direkt und freundlich in die Augen, als hätte er mich schon vorher bemerkt. Ich fühle mich etwas ertappt, obwohl das doch andersrum funktionieren müsste, und mich zu irgendeiner Äußerung genötigt. Was würde denn wohl zu dieser Situation passen?

Ich entscheide mich für: „Mahlzeit!"

Er: „Danke. Schmeckt."

Ich: „Haha."

Er: „Wenn Sie von der Polizei sind, müssen Sie mir das sagen."

Ich: „Bin ich nicht."

Er: „Gut."

Er mustert mich von oben bis unten.

Er: „Wissen Sie, was Ihnen gut stehen würde?"

Ich: „Nee, was?"

Er: „Ein Dalmatiner. Würde Sie schlanker machen."

Mützelüpfend verabschiedet er sich und lässt mich auf der Suche einer Antwort zurück.

Follow me around

Anstelle des klassischen Vorwortes habe ich mich dieses Mal dafür entschieden, zum Abschluss pikante Einblicke in meinen Berufsalltag zu geben, anhand eines nahezu vollständigen Tourtagebuchs, das ich 2018 über rund 50 Tage hinweg geführt habe. Sie haben Glück, dass sich diese Tage am Ende des Jahres befinden, denn hätte ich 50 Tage im Sommer protokolliert, gäbe es so ziemlich gar keine Einträge. Man hat nun mal seine strikten Vorstellungen zur Work-Life-Balance und kann wirklich nicht in *jeder* Jahreszeit auftreten. Und los:

24. Oktober – Jena

„Wo sind denn hier die Toiletten?“, frage ich.

„Die Binär-Toiletten sind links vom Eingang, die Gender-Toilette ist im Untergeschoss, wenn du dich da wohler fühlst“, sagt der Junge am Büchertisch.

Nichts anderes habe ich von dieser Veranstaltung erwartet. Ich bin Teilnehmer eines Diversity Slams in der Uni Jena. Jetzt, nach so vielen Jahren, in denen schon jedes Gefühl und jedes Gemüse seinen eigenen Themenslam bekommen hat, ist Diversity plötzlich sehr en vogue. Diversity Slams sind Poetry Slams ohne weiße, heterosexuelle Cis-Männer. Mit deren Ausschluss ist Diversity nämlich garantiert. Alle Hautfarben, alle Geschlechter, alle sexuellen Orientierungen, aber eben nicht die, die sonst Mainstream sind. Safe Space und so, einmal unter sich sein.

Ich will ja gar nicht meckern, es soll nur nicht überhandnehmen mit meinen Teilnahmen an solchen Veranstaltungen, denn ich will nicht unbedingt das Label „der schwule Poetry Slammer" aufgeklatscht bekommen, dafür arbeiten mindestens zwei meiner Kollegen viel zu hart daran, das zu ihrem Unique Selling Point zu machen. Ich habe zwei, drei Texte über meine überbordende Gayness, viel mehr werden es, in nächster Zeit zumindest, nicht, und das reicht auch. Gibt genug andere Themen.

Den Diversity-Slam in Jena gewinne ich, nächster Termin im Dezember in Weimar. Der Osten braucht dringend Diversität.

25. Oktober – Leipzig

„Slam vs. Kabarett" heißt es heute im Rahmen der Leipziger Lachmesse. Das kann ja nur schiefgehen. Nachmittags schaue ich beim Radio vorbei, um einen Text einzusprechen und ein Interview zu führen. Soll ein Podcast werden. Braucht man ja heutzutage, ohne eigenen Podcast würde ich mich gar nicht mehr auf die Straße trauen! Nach Aufnahme ist bis zum Auftritt noch Zeit, also lade ich mich bei Kollege Erdmann ein, um seine neue Wohnung anzuschauen. Er reicht unbeholfen Kaffee („Ich trinke keinen Kaffee, hier, da hab ich so ein Pulver.") und Gebäck und wir reden darüber, gemeinsam einen Podcast zu starten. Da wir auch schon seit über einem Jahr darüber reden, ein Slam-Team zu gründen und noch keinen Satz dafür geschrieben haben, kann man sich die Chancen auf Verwirklichung ausrechnen. Bald wöchentlich auf Spotify, einfach jeden Tag nachschauen!

Nun aber los zum Auftritt in den Kupfersaal. Es wird mit Worten und als Teams gefochten, Slam vs. Kabarett eben. Der erste Kabarettist eröffnet mit Geschlechterklischees aus dem letzten Jahrtausend. „Es heißt DER Erfolg, aber DIE Missgunst." Die Leute schmeißen sich weg vor Lachen. Kollege Martschinkowski und mir fallen hinter der Bühne die Kinne zu Boden. Sowas kommt hier an? Wir werden krachend untergehen. Im Backstage entbrennt für die nächste Stunde eine hitzige Gender-Debatte. Die weiteren Kabarettisten verstehen die moderne Technik nicht und vereinnahmen das Publikum durch das indifferente Wir. „Wir gehen ja alle nur noch so, weil wir ständig aufs Smartphone schauen", sagt einer und macht einen Buckel. Eine andere, die hinter der Bühne ganz sympathisch war, schlüpft in die Rolle einer alten Frau und stimmt mit ein, dass sie nicht mehr versteht, wie die Welt sich dreht. Zustimmung im Publikum, endlich sagt's mal eine!

Nach der Show, die wir (Team Slam) nach holprigem Start doch noch zu unseren Gunsten drehen konnten, erklärt mir einer der Kabarett-Onkel an der Theke bei einem Glas Roten und vom hohen Ross, weshalb Bewertungen an sich und Poetry Slam generell scheiße sei.

„Es geht doch nicht darum, zu gefallen", sagt er. „Kunst muss unbequem sein!"

Kunst. Ein weiter Begriff.

26. Oktober – Leipzig

„Du, das ist mir jetzt ganz unangenehm, aber wir haben leider die Aufnahmen von gestern irgendwie gelöscht." –

Ich habe vor der Rückfahrt nach Berlin noch Zeit, fahre zum Radio und führe das Interview von gestern nochmal.

27. Oktober – Berlin/Clausthal

Heute soll ich in Clausthal lesen. Irgendwie sehe ich mich da noch nicht. Die Lesung beginnt um 21.30 Uhr, jetzt ist es 14 Uhr und noch sitze ich in Berlin und überlege, ob ich da überhaupt hinsoll. Die Anfrage kam schon vor vielen Monaten, 60–90 Minuten solo in einem Studentenclub. Eigentlich ja schon mein Publikum. Natürlich habe ich es so gehalten wie üblich: erstmal eine gute Gage rausgerödelt und nicht weiter drüber nachgedacht. Ich war noch nie in Clausthal und hatte bis vor sehr kurzer Zeit auch gar keine Ahnung, wo das überhaupt liegt. Wieso sollten da Leute zu meiner Lesung kommen? Ach ja, stimmt, wegen YouTube. Vielleicht.

Jetzt, da die Lesung so kurz bevorsteht, mache ich mir doch ein wenig Sorgen. Vor ein paar Tagen habe ich das Internet großzügig nach der Veranstaltung durchsucht und nicht den kleinsten Hinweis gefunden. Dafür weiß ich jetzt, dass es in Bayreuth eine Christian-Ritter-von-Langheinrich-Straße gibt und alkoholfreies Bier überhaupt nicht völlig alkoholfrei ist.

Nachdem ich daraufhin vorsichtig bei meinem Clausthal-Kontakt nachgefragt habe, gab es plötzlich einen Hinweis auf der Studentenclub-Homepage und ein Facebook-Event. Stand jetzt 3 Zusagen, 11 Interessierte, inklusive mir (interessiert).

Nach Clausthal direkt kommt man nur mit dem Bus, sehe ich bei der Routenplanung. Der nächstgelegene Bahnhof von Berlin aus ist Goslar. Da denkt man an Sigmar Gabriel und an Parolen wie „Anpacken!“ und „Ehrliche, direkte Menschen“ und sonst an nichts.

Mein Kontakt stellte sich mir in den Mails nur mit seinem Spitznamen vor. Gestern haben wir telefoniert. Mein Lerngewinn aus dem Gespräch war, dass ich in Zukunft auf jeden Fall immer daran denken muss, meine eigenen Verträge für Lesungen einzusetzen, das hatte ich mir schon öfter vorgenommen, und nicht alles erst einen Tag vor der Lesung zu besprechen. Mein Vor-Ort-Kontakt macht offenbar alles alleine, hat auf meinen Werbe-Hinweis hin auf der Straße Leute angesprochen und sie eingeladen. Ich wiederhole: Er hat auf der Straße Leute angesprochen und sie eingeladen. Zu meiner Lesung. Wie so ein Zeuge Jehovas. Ach nee, die dürfen ja keine Leute ansprechen. Schlimmer also als ein Zeuge Jehovas! Außerdem holt er mich später in Goslar am Bahnhof ab, um mir den Bus zu ersparen. Das ist sehr nett. Geht aber nur um 18 Uhr, das Abholen, weil er im Club ja auch noch aufbauen muss. Die Frage, wo ich eigentlich untergebracht sei, wollte ich dann gar nicht mehr stellen, denn es schien nach dem Gesprächsverlauf klar: Bei ihm zuhause.

Ich habe seit Jahren nicht mehr bei irgendeinem fremden Menschen in der Wohnung geschlafen, gestern in Leipzig noch im besten Viersternehotel am Platz, das ist auch eigentlich mehr so mein Standard (falls Sie mich mal einladen mögen). Aber ich wollte dann kein großes Fass aufmachen, als ich gemerkt hab, dass er sich solche Mühe gibt. Morgen um diese Zeit bin ich schon fast wieder in Berlin. Hoffentlich. Ich begreife es einfach mal als Abenteuer.

28. Oktober – Clausthal/Berlin

Zum Frühstück gab es Wildschweinwurst. Sonst war alles gar nicht mal so schlimm. Es waren 60 Leute bei der Lesung und damit war der Club auch voll. Etwa 40 waren offenbar gekommen, weil sie auf der Straße angesprochen worden waren. Womöglich doch ein erfolgreiches Werbekonzept. Die ersten zehn Zuschauer kamen als Gruppe und bestellten zehn Moscow Mule, zum Warmwerden. Darauf und auch auf den Hinweis hin, dass das Publikum „sich gerne mal einmischt" und das Vorgetragene lautstark kommentieren wird, habe ich mein Programm ein wenig abgeändert. Ein paar ältere Hau-drauf-Themen rein, ein paar neuere Awareness-Themen raus. Weshalb soll ich Metallern und Rockern, dem Großteil des Publikums, vom Struggeln mit dem Coming-out als Schwuler erzählen? Nee, nee, ich will ja auch selbst Spaß haben. Durchpowern und danach an der Theke ein paar Sambuca mit den neu gewonnenen Freunden anzünden, war eindeutig die richtige Wahl.

Was man mir vielleicht hätte sagen können, war, wie hoch Clausthal liegt, mitten im Harz, neben dem Brocken, und dass es dort sehr kalt werden kann. Wie kalt? Heute morgen hat es geschneit! Ich reise mit meinem maximal frühlingstauglichen Hipstertrainingsjäckchen und habe sehr, sehr gefroren. Das kommt jetzt auch in meinen Vertrag: „V1 hat V2 bis 24 Stunden vor der Lesung mitzuteilen, Kleidung welcher Dicke für einen Aufenthalt im Freien vor Ort angebracht ist."

30. Oktober – Bamberg

Seit ich nicht mehr in Bamberg wohne, bin ich unglaublich gern in Bamberg. Ein- bis zweimal im Monat komme ich für eine Nacht vorbei, registriere interessiert die Fortschritte des Bauprojekts neben meiner früheren WG, kontrolliere die Einhaltung der Sperrstunde und grüße auf der Straße Leute, die ich glaube, zu kennen. Und abends wird irgendwas moderiert. Ich habe lange genug hier gewohnt, um die Stadt mehrmals durchzuspielen. Bis auf den Dom bin ich überall aufgetreten, wo das überhaupt nur möglich ist. Und durch die WG-Party-Kultur habe ich in jedem anderen Haus der Stadt ein Bier getrunken.

Heute auf dem Programm: das ETA Hoffmann Theater. Hier habe ich Günter Grass, Max Goldt und Harry Rowohlt auftreten sehen (getrennt voneinander), meine Romanpremiere gefeiert und und und. Und hier moderiere ich heute den Dead And Alive Slam. Ohne besondere Vorkommnisse. Das heißt: Das große Haus ist eh immer ausverkauft, wenn wir da sind. Gute Show. Und ich fühle mich, als sei ich nie weggewesen.

7.-10. November – Zürich

Die deutschsprachigen Meisterschaften im Poetry Slam sind Jahr für Jahr einfach DAS Highlight der Szene. 300 Leute treffen sich irgendwo im deutschen Sprachraum, an vier Tagen gibt es 30 einzelne Veranstaltungen und am Ende stehen die neuen Meister im Team und im Einzel. Diesmal also in Zürich. Für das Einzel-Finale wurde das Hallenstadion angemietet, in dem sonst Eishockeyspiele stattfinden. Schweizer Bescheidenheit.

Am Wettbewerb nehme ich aus Rücksicht auf die junge Generation nicht mehr teil, traditionellerweise trete ich bei den Meisterschaften aber als Leiter des inoffiziellen Wettbüros in Erscheinung, das praktischerweise meinen Namen trägt (Wetten Ritter) und vergebe auch Kredite gegen geringe Zinsen. Nur für gute Freunde! Zudem habe ich die Aufgabe, eine Team-Runde zu moderieren. Und ich hielt es für spaßig, Kollege Paul Bokowski zur Teilnahme am Erotikslam zu motivieren. Hier die vorausgegangene Korrespondenz:

„Paul, wollen wir beim Erotikslam als Team antreten?"

„Nein."

„Och, bitte."

„Ja, gut, aber wir proben nur einmal ein paar Minuten vor dem Auftritt und wenden uns auf der Bühne voneinander ab, damit nicht der Eindruck einer stärkeren Verbindung aufkommt."

„Ja. So hab ich mir das auch gedacht."

„Und nachdem wir dann gewonnen haben, lösen wir uns wieder auf."

„So machen wir das."

Und so haben wir es auch gemacht. Der Titel bleibt für die Ewigkeit.

Als schwereres Stück Arbeit stellte sich dann völlig unerwartet die Moderation des Team-Halbfinales im Volkshaus heraus. Die komplette Videotechnik brach nämlich just in dieser Runde zusammen. Und wenn man sich einmal daran gewöhnt hat, dass die Software für einen die Rechenaufgaben löst und alles schön grafisch aufbereitet, sodass man selbst keinen Fingerbreit mehr rechnen und denken muss, ist man im ersten Augenblick doch ein bisschen hilflos, wenn sie das nicht mehr tut.

„Wie du da so ruhig bleiben und die Übersicht behalten konntest", sagten mir recht viele Leute danach anerkennend und klopften mir auf die Schulter. Tja. Ich will mich ja nicht selbst loben. Das machen andere eh schon oft genug. Sie erwähnten auch, wie ungewohnt charmant meine Moderation war.

23.-25. November – Luxemburg

Basierend auf meinen früheren Auftritten in Luxemburg war ich fatalerweise der Ansicht, alle Leute hier sprächen deutsch. Weil das Publikum immer deutsch verstand. Großer Irrtum. Drei Tage völliger Sprachverwirrung liegen nun hinter mir. Schon beim Check-in im Hotel kauderwelschten der Rezeptionist und ich durch einen Viersprachenmix, bis wir selbst die eigene nicht mehr richtig beherrschten: „The petit déjeuner ist served until zehn Uhr, Kumpel."

Als ich später begriffen hatte, dass der Barmann des Hotels nur Französisch redet und mir daraufhin minutenlang eine wunderbare französische Bestellung zurechtgelegt hatte, wechselte der Barmann und es ging doch auf Englisch. Quelle bad luck.

Bei der zweitätigen Veranstaltung „Slam de Lux" war ich als Vertreter Deutschlands geladen. Außerdem anwesend: die amtierenden Meister der Länder Belgien, Österreich und Frankreich. Dank des für mich zuständigen Goethe Instituts gab es noch eine Lesung in einer Schule on top, beziehungsweise als Amuse-Gueule vor der ersten Show am Freitagnachmittag. Die Lesung entpuppte sich im Nachhinein als mein größter und auch bestgesicherter Auftritt in diesem Land. Die multilinguale Schule am Stadtrand ist durch eine Armada an

Securitypersonal wohlbehütet, von der man entweder direkt erschossen wird oder bei berechtigter Anwesenheit einen Besucherausweis erhält. Ich entschied mich für die zweite Option. Die meiner Lesung zugeteilten deutschsprachigen Klassen hatten ihr Plaisir, dennoch mussten wir kurz unterbrechen, nachdem ich sie bei einer überraschend auftretenden lauteren Stelle eines Texts kollektiv aufgeschreckt und in Schnappatmung versetzt hatte. So leicht springt bei der Zukunft Europas der Panikmodus an, wir müssen uns sorgen. Aber immerhin folgen sie mir nun in großen Teilen auf Instagram. In der nächsten Schulstunde vor einer jüngeren Klasse gab ich den Erklärbär in Dingen Bühnenkunst und sehr wissbegierige Zwölfjährige fragten mich über die finanziellen Möglichkeiten einer Schriftsteller- oder Rapperkarriere aus. Ich riet zum Rap.

Freitagabend folgte ein Auftritt im luxemburgischen Hinterland vor 20 Zuschauern, am Samstag im Zentrum von Luxemburg-City, in den Rotondes, ungleich beeindruckender. Beiträge jeweils auf Letzebuergisch, Englisch, Deutsch, Französisch und Österreichisch, den Zuschauenden wurde einiges abverlangt. Die Moderatoren changierten virtuos durch alle Sprachen, hatten aber Probleme mit dem Gehör und entschieden in der Applausabstimmung etwas unnachvollziehbar, was nicht nur mir allein auffiel. So kam es in der Pause zu dieser schönen mir vertraulich zugeraunten Mitteilung: „Die österreichische Botschafterin hätte Sie gern im Finale gesehen."

Hört man auch nur alle paar Wochen. Aber ich sag es ja öfter: Bei einem Poetry Slam ist es gar nicht so entscheidend, wer am Ende gewinnt, die Hauptsache ist, dass danach alle meine Bücher kaufen.

Und so endeten die sprachbabylonischen Tage für mich mit sehr leichtem Reisegepäck und folgender Konversation an der Hotelbar:

„L'addition, bitte."

„Oui, der Herr."

„Stimmt so, le rest est for you."

„Thank you. Schönen Jour!"

28. November – Bielefeld

Dem Bielefelder Hörsaalslam fällt in der Historie des deutschsprachigen Poetry Slams eine ganz besondere Rolle zu. Die fünfte Ausgabe im Jahr 2013 sollte Geschichte schreiben. Nicht unbedingt, weil ich ebendiese Ausgabe gewonnen habe (Jan Philipp Zymny wird Ihnen dieselbe Geschichte erzählen, es war ein Doppelsieg [wenn wir unabhängig voneinander berichten, verschweigen wir aber beide stets die Beteiligung des anderen, haben wir kürzlich festgestellt]), sondern weil die große Engelmann-Inszenierung an eben diesem Abend unbemerkt von allen Anwesenden ihren Anfang nahm. Während der meistgeklickte Slam-Auftritt aller Zeiten drinnen im Hörsaal abgefilmt wurde, befand ich mich damals rauchenderweise im Hinterhof, Baby.

Genau dort fanden sich heute auch sämtliche zweitausend Zuschauer ein, denn in der Pause ging der Feueralarm los. Immerhin, gutes Timing. Die Veranstaltung konnte nach dem heldenhaften Einsatz der Bielefelder Feuerwehr („Da hat sich wohl einer schon im Treppenhaus die Zigarette angezündet. Nichts passiert.") zur Befriedigung aller recht zügig fortgesetzt werden. Schließlich endete das Duell um die im Anschluss meistverkauften Bücher – Johannes Floehr mit seinem Buch mit dem fantastischen Titel „Buch“ gegen mich, logischerweise mit einem anderem Buch als dem, das Sie in Händen halten, denn sonst wäre es gar nicht möglich, dass ich es hier erwähne – erneut unentschieden. Bielefeld will sich nie so richtig entscheiden. Und wahrscheinlich wird nun wieder die eine, die in der Vorrunde rausgeflogen ist und die ich überhaupt nicht kannte, zum nächsten Internet-Star hochgejazzt. Glück auf!

29. November – Frankfurt am Main

Unter Heizpilzen wird im Innenareal eines Fünfsternehotels die erste Flasche Champagner geköpft. „Kriegt der Mann auch ein Glas?“, wird in die Runde gefragt, und im Sinne der Diversity freigiebig entschieden, dass ich etwas abbekomme. Die 50 erfolgreichsten Frauen der deutschen IT-Branche und ihre Gefolgschaft zelebrieren eine Gala. Da darf ich als erfolgreiche IT-Frau natürlich nicht fehlen ... sehr lustig. Auch hier bin ich natürlich als Vorleser engagiert. Unter uns: Planen Sie ein Event zur Digitalisierung? Ich habe Material. Schicken Sie einfach ein Fax!

4. Dezember – Ulm

Endlich mal wieder ein Poetry Slam! Es ist schon ein bisschen erstaunlich: Beim Blick auf meinen altmodischen (aber sehr praktischen!), zwei Quadratmeter großen Jahresplaner an der Wand meines Salons stellte ich gestern fest, dass ich 2018 überhaupt nur an vier ganz normalen Poetry Slams teilgenommen habe, obwohl man mich ja landläufig noch immer als professionellen Poetry Slammer bezeichnet. Der Rest waren Moderationen, Best-of-Slams, Lesebühnen, Sololesungen und was man sonst alles für Geld tut (siehe 29. November). Hätte ich die ganzen Einkünfte nicht in Kryptowährungen investiert, hätte ich dieses Jahr sogar was verdient, das muss man sich mal vorstellen!

Bei Ankunft im regnerischen Ulm zusammen mit Kollege Steinkellner fühle ich mich sehr leicht und beschwingt. In den letzten beiden Tagen habe ich meine eigenen Slams in Würzburg und Bamberg moderiert. Das ist – abgesehen von der tatsächlichen Moderation – immer sehr anstrengend. Von Sonntag 14 Uhr bis Dienstag 2 Uhr Dauereinsatz als Organisator, Wegweiser und Berater in allen Lebenslagen für die KünstlerInnen, dazu Hauptverantwortlicher und Problemlöser für alles drum herum. Diesmal hat die Zimmeraufteilung nicht richtig hingehauen und ich musste nachts um drei in Würzburg ein Hotelzimmer auftreiben, damit Kollege Hogekamp eine gute Nacht hatte. Geschafft. Und so gehe ich als Belohnung für mich selbst erstmal in Ulm shoppen und besorge mir einen „lustigen" Weihnachtspullover mit einem Rentier drauf.

Im Roxy ist gewohnheitsmäßig alles vorzüglich organisiert, backstage belausche ich durch Zufall eine jugendliche Slammerin aus München, die mit zuhause telefoniert und alles unglaublich krass findet. „Hier sind 600 Leute da, Alter, das ist so krass. Ich mein so richtig krass!" Aber so richtig. Ich freue mich weiterhin, dass ich keinerlei Verantwortung trage außer der, meine Texte relativ fehlerfrei vorzulesen. Zudem bekomme ich reichlich Komplimente für meinen neuen Pullover. Derart beschwingt gewinne ich den Slam. Der Preis ist eine Flasche Mexikaner. Die Rückfahrt nach Berlin dauert sieben Stunden.

9.-11. Dezember – Schweiz

St. Gallen, Zürich, Bern. Das sind, neben Basel, Winterthur und Baden, meine absoluten Lieblingsstädte in der Schweiz. Deshalb bin ich in ersteren drei zum Vorlesen unterwegs. Ich bemühe mich, jedes Jahr mindestens eine kleine Schweiztour in meinen Kalender zu packen, nach Möglichkeit mehr. Die Leute sind sehr freundlich, solange man sie kennt, und bei den anderen sitzt das Geld locker. Rundum sympathisch.

In allen Städten kommt es diesmal zur gleichen Situation: Ich als der deutsche Gast stehe inmitten einer Gruppe mir seit langem bekannter Schweizer, die unter sich über schweizinterne Dinge reden, bis eine/r sich mir zuwendet und besorgt nachfragt: „Vrstahscht du uus?"

Ich verstehe Schweizerdeutsch. Reine Gewöhnungssache, ich war ja schon ein paar Mal da. Großes Aufatmen im Rund. Mit nichts kann man dem Schweizer mehr Freude machen, als ihn nicht dazu zu zwingen, ins Hochdeutsche zu switchen, wenn es vermeidbar ist. Es gäbe da noch eine andere Sache, die in diesen zu kalten und zu verregneten Tage alle ganz gut fänden. „Wänn's wänigschtens würd schneie" höre ich etwa zehn Mal am Tag. Die große Schweizer Sehnsucht!

„Ich war neulich in Clausthal, da hat es schon im Oktober geschneit", steuere ich bei.

Die Antwort stets: „Wo?"

Vor dem Rückflug verlaufe ich mich im Zürcher Flughafen auf genau demselben Weg wie einen Monat zuvor. Man entwickelt Gewohnheiten.

19. Dezember – Berlin

Es ist der dritte Mittwoch des Monats. Ich stehe mit den Kollegen Birr, Bittner, Klaus und Weber zusammen auf unserer holzigen Bühne in der Baumhaus Bar, wie an jedem dritten Mittwoch eines jeden Monats. Während hinter uns die erhöhte U1 sichtbar am Fenster vorbeizuckelt, lesen wir neue Texte vor. So macht man das bei einer Lesebühne. Kommen die Texte nicht an, werden sie weggeschmissen, erzeugen sie eine gewisse Resonanz, werden sie auf weiteren Bühnen vorgelesen und landen irgendwann in einem Buch.

Wie in diesem hier.

UNSICHTBAR VERLAG

WEITERE TITEL AUS DEM PROGRAMM

ISBN: 978-3-95791-059-2

ISBN: 978-3-95791-067-7

ISBN: 978-3-95791-061-5

ISBN: 978-3-95791-054-7